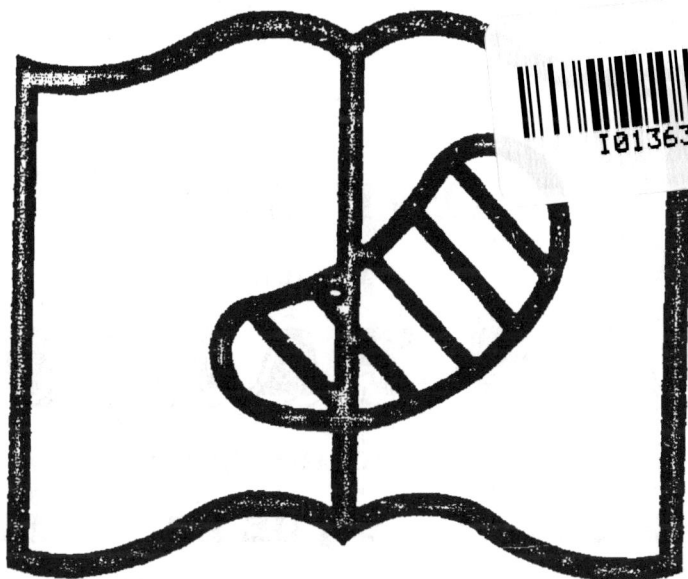

Original illisible

NF Z 43-120-10

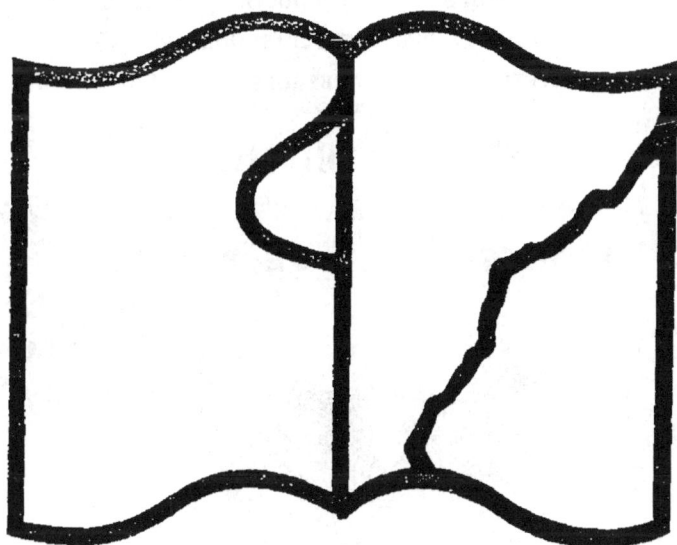

Texte détérioré — reliure défectueuse

NF Z 43-120-11

"VALABLE POUR TOUT OU PARTIE
DU DOCUMENT REPRODUIT".

VINGT LIEUES

AUTOUR

DE PARIS

OU PANORAMA VIVANT

DES BARRIÈRES, DE LA BANLIEUE

ET DES ENVIRONS DE LA CAPITALE;

HISTOIRE ET DESCRIPTION DES VILLES, BOURGS, VILLAGES,
MONUMENTS, PALAIS, CHATEAUX, VILLAS,
PARCS, HABITATIONS ET ÉTABLISSEMENTS PUBLICS ET PARTICULIERS,
ESQUISSES DES MOEURS ET DE L'INDUSTRIE DES HABITANTS,
INDICATION DES FÊTES PATRONALES,
DES BALS CHAMPÊTRES, CAFÉS, AUBERGES, RESTAURANTS, ETC.

Ouvrage Illustré

DE

VIGNETTES ET DE PLANS.

PARIS.

R. RUEL AÎNÉ, LIBRAIRE,
8, RUE DU FAON-SAINT-ANDRÉ.

1851

Château de Fontainebleau.

ENCEINTES DE PARIS AUX DIFFÉRENTES ÉPOQUES, DEPUIS SON ORIGINE JUSQU'A NOS JOURS.

A. Lutèce, Cité, en 885. | C. Enceinte sous Philippe-Auguste, en 1205. | Charles VI, en 1356. | F. Accroissement depuis Louis XIV à

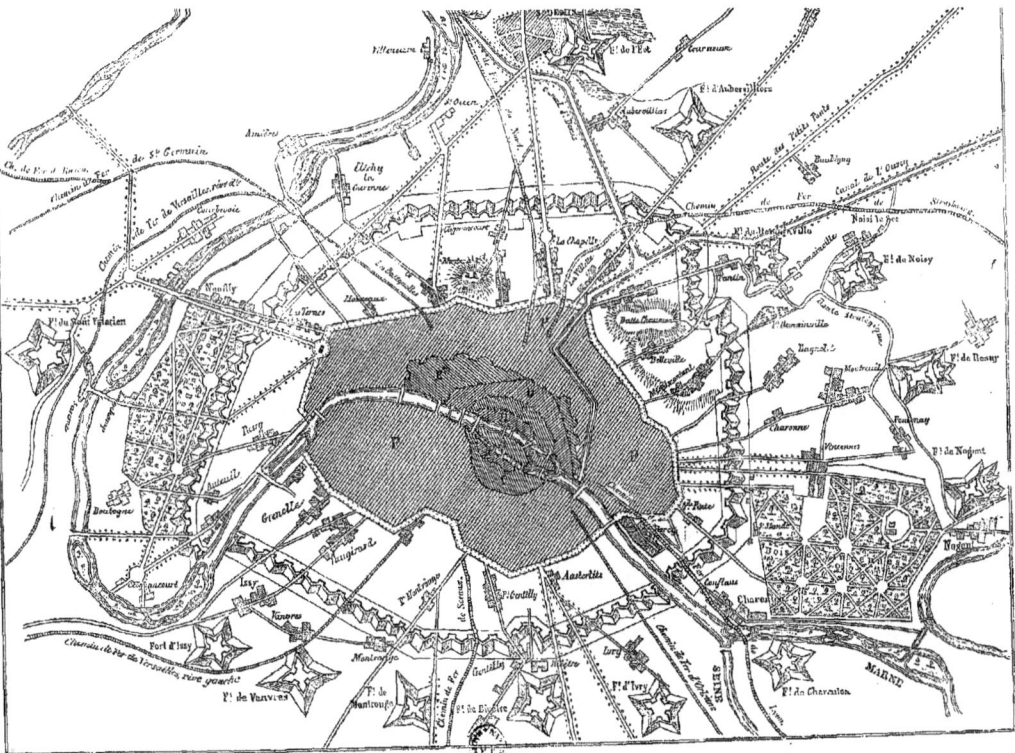

ENCEINTES DE PARIS AUX DIFFÉRENTES ÉPOQUES, DEPUIS SON ORIGINE JUSQU'A NOS JOURS,

A. Lutèce, Cité, en 883.
B. Enceinte sous Louis VI, dit le Gros, 1134.
C. Enceinte sous Philippe-Auguste, en 1205.
D. Enceinte de Marcel, sous Charles V et
Charles VI, en 1356.
E. Enceinte sous Louis XIII, en 1630.
F. Accroissement depuis Louis XIV à Louis XVIII.

VINGT LIEUES

AUTOUR

DE PARIS

OU PANORAMA VIVANT

DES BARRIÈRES, DE LA BANLIEUE

ET DES ENVIRONS DE LA CAPITALE ;

HISTOIRE ET DESCRIPTION DES VILLES, BOURGS, VILLAGES,
MONUMENTS, PALAIS, CHATEAUX, VILLAS,
PARCS, HABITATIONS ET ÉTABLISSEMENTS PUBLICS ET PARTICULIERS,
ESQUISSES DES MŒURS ET DE L'INDUSTRIE DES HABITANTS,
INDICATION DES FÊTES PATRONALES,
DES BALS CHAMPÊTRES, CAFÉS, AUBERGES, RESTAURANTS, ETC.

Ouvrage Illustré

DE

VIGNETTES ET DE PLANS.

PARIS.

B. RUEL AINÉ, LIBRAIRE,

8, RUE DU PAON-SAINT-ANDRÉ.

—

1851

Poissy. — Imprenta de ABREU.

LES BARRIÈRES DE PARIS.

COUP D'ŒIL GÉNÉRAL.

Les tours de l'église de Notre-Dame, un des plus anciens monuments de Paris, en occupent encore à peu près le centre. C'est à partir de ce point que, sur toutes les routes qui mettent la capitale en communication avec toute la France, se comptent en kilomètres et myriamètres les distances indiquées par des pierres milliaires, dont le chiffre, très-nettement tracé sur une plaque de bronze ou de fonte, est un utile renseignement souvent consulté par le piéton fatigué d'une trop longue course.

Si vous voulez planer de très-haut sur Paris, postez-vous à la cime des buttes Montmartre, ou dans la lanterne, audacieux belvédère dont est surmontée la coupole du Panthéon; de là votre œil pourra embrasser une immense étendue remplie de toutes les créations et de tous les accidents d'une civilisation avancée; vous plongerez à la fois dans la ville et dans la campagne, et, avec l'aide d'un télescope, rien ne vous sera plus facile que de faire sur place de lointaines excursions.

De tous côtés se déroule un immense panorama riche d'aspect et de variété, et rien ne s'oppose à ce que vous découvriez dans toute son étendue la configuration de cet arc un peu irrégulier que trace la Seine dans son cours et qui fait deux portions inégales de cette surface tantôt plane, tantôt montueuse de 34,379,016 mètres carrés, sur laquelle s'élèvent les 29,526 maisons parisiennes et les nombreux édifices affectés, soit à des services publics, soit à des exploitations industrielles.

C'est dans cet espace que se sentent déjà bien à l'étroit, sans cesse coudoyés qu'ils sont par une population flottante de plusieurs centaines de mille étrangers venus de toutes les contrées du globe et de toutes les provinces de la France, 1,053,869 résidents, propriétaires, rentiers, fonctionnaires de l'Etat, employés de toutes classes, gens de lettres, artistes, industriels, ouvriers et personnages d'aventure ou d'intrigue sans moyens connus d'existence.

Du Panthéon vous jouirez d'une magnifique perspective; mais sans doute vous serez curieux aussi de voir comment cette toute petite *Lutèce*, à peine comparable, il y a quelques siècles, à l'un de nos bourgs de première classe, a grandi au point de renfermer dans ses murs une multitude assez considérable pour former à elle seule l'équivalent de ce qu'en Allemagne ou en Italie on ne fait nulle difficulté d'appeler une nation ou un peuple. Ceci est l'histoire du gland qui, dans son origine, donne naissance à une tige à peine perceptible, puis c'est une plante dont les proportions n'ont rien de remarquable ; elle croît et n'est presque encore qu'un arbrisseau qui attire peu les regards ; enfin, dans le baliveau s'annonce un arbre, et cet arbre est un chêne, le colosse et le quasi impérissable vieillard de l'antique forêt.

Si vous désirez assister rétrospectivement au développement successif d'un germe de cette espèce, montez sur l'une des tours de l'église métropolitaine, orientez-vous : si vous avez derrière vous le chevet de la cathédrale, et devant vous son parvis, vous faites face au couchant. Tout ce pâté de maisons qui s'étend entre les deux bras du fleuve est l'ancien Paris ; vous êtes dans une île que les chefs gaulois, au temps de l'invasion romaine, sous Jules César, choisirent pour place de guerre. A cet emplacement se bornait *Lutèce*, chef-lieu du territoire des *Parisis*. Plus tard cette bicoque prit le nom de *la Cité*. La superficie de l'île était alors moins grande d'un cinquième environ qu'elle ne l'est aujourd'hui ; sa longueur allait du chevet de l'église jusqu'à l'endroit où a été bâtie la rue du Harlay ; elle s'est accrue par sa jonction avec une île de moindre importance ; en comblant l'intervalle, on a fait disparaître la séparation. Aujourd'hui elle appuie son extrémité aux arches du Pont-Neuf. Notre-Dame commande et domine tous les autres édifices de la Cité : l'Hôtel-Dieu, la Morgue, la Sainte-Chapelle, le Palais-de-Justice, la Conciergerie, la préfecture de police et la place Dauphine.

La Cité ou *Lutèce* n'avait primitivement d'autre défense que sa ceinture d'eau qui l'environnait de toutes parts ; elle ne communiquait avec les deux rives qu'au moyen de barques, qui furent remplacées par des ponts en bois sous Julien-l'Apostat. Alors la ville prit quelque extension du côté de l'ouest. Le palais et les Thermes de Julien, dont les vestiges se voient rue de La Harpe, un peu avant d'arriver à la rue des Mathurins, ne furent sans doute pas construits dans un désert : plusieurs habitations durent s'élever dans le voisinage de la demeure impériale, et il est très-probable qu'à cette époque une rue descendait de la colline dans la direction du lieu où l'on passait le fleuve pour se rendre au temple d'Isis, à la place duquel s'élèverait un jour l'église consacrée à la mère du Christ.

Jusqu'en l'an 885, Lutèce, encore de toutes parts environnée de forêts et de marais presque infranchissables, fut resserrée dans des limites assez étroites. Insensiblement sa population s'étant augmentée, elle déborda sur la rive droite et sur la rive gauche : c'est autour de l'Hôtel-de-Ville jusqu'au-delà de l'église Saint-Germain-l'Auxerrois, et dans l'espace compris entre le bas des rues de La Harpe et Saint-Jacques que se trouvent les anciens quartiers.

Lutèce est devenue Paris et la capitale d'un royaume exposé à de fréquentes agressions. En 1134, Louis VI, dit *le Gros*, l'entoura d'une épaisse muraille et fit creuser des fossés, afin de se mettre à même de résister aux attaques incessantes des grands vassaux. Il n'y a que peu d'années ce cœur de Paris avait encore une physionomie particulière : tout y était compacte et sombre, partout l'aspect de la vétusté ; aujourd'hui le marteau a fait de nombreuses éclaircies dans ces tristes et froides demeures de nos ancêtres, et, grâce aux alignements et à la régularité des constructions nouvelles, l'air et la lumière peuvent enfin pénétrer dans des rues élargies et débarrassées de leurs immondices.

Le mur construit sous Louis-le-Gros partait de la rive droite de la Seine, dans le voisinage de l'église Saint-Germain-l'Auxerrois, qu'il enserrait avec toutes ses dépendances ; sur la rive gauche, il reprenait à peu près à l'endroit où commence la rue Mazarine, tout près de l'emplacement sur lequel il est à présumer, d'après les indices fournis par des fouilles récentes, qu'existait autrefois la fameuse tour de Nesle. Paris était alors un peu plus développé sur la rive droite que sur la rive gauche ; il était compris tout entier entre deux arcs inégaux de circonférence.

En 1205, sous Philippe-Auguste, le Paris extérieur à l'enceinte était déjà beaucoup plus considérable que le Paris intérieur : ses faubourgs avaient pris une telle importance, qu'on ne dut plus différer de les assimiler à la ville. Cette assimilation s'effectua au moyen d'une troisième enceinte, dite *enceinte de Philippe-Auguste*, dans laquelle fut enfermée une partie de la campagne destinée aux accroissements futurs. Ils furent rapides, notamment sur la rive droite, où ils dépassèrent toutes les prévisions et nécessitèrent bientôt de ce côté une nouvelle clôture; elle fut bâtie sous Charles V et Charles VI.

Cette quatrième enceinte avait à peu près la configuration de la moitié d'un octogone irrégulier coupé en deux par le cours de la Seine, en amont, un peu au-dessus de l'île Louviers, où l'on voit aujourd'hui la bibliothèque de l'Arsenal; en aval, à la hauteur du pont des Tuileries. A son point le plus distant de la rivière, elle touchait à ce qu'on nomme aujourd'hui la rue Basse-du-Rempart. La rue du Rempart qui, de la rue de Richelieu, en face du Théâtre-Français, va aboutir à la rue Saint-Honoré, donne un autre point de sa direction.

L'équilibre entre les deux rives tend de plus en plus à se rompre : Paris, stationnaire sur la gauche, s'avance constamment sur la droite; sans cesse il gagne du terrain et toujours en aval du fleuve. En 1630, Louis XIII fait couvrir cette partie, qui a le privilége de rester la plus vivante, par un mur bastionné, avec des tourelles de distance en distance. La Bastille et ses fossés se reliaient à cet ensemble de fortifications. En 1668, par une ordonnance de Louis XIV, le mur, les bastions, les tourelles, furent transformés en boulevarts, et la ville agrandie resta sans clôture régulière jusqu'en 1784. On peut encore voir, par une inscription placée sur une maison de la rue Dauphine, que, jusqu'au règne de ce monarque, le Paris de la rive gauche s'arrêtait avant d'arriver au carrefour Bussi. Les boulevarts intérieurs retracent le périmètre de la chemise qui formait avant Louis XIV la démarcation entre Paris et ses faubourgs, qui ne cessèrent de s'étendre dans la campagne environnante.

Sous Louis XVI, le savant Lavoisier, qui était en même temps un des 40 fermiers généraux, eut la pensée fort peu philantropique de quintupler les revenus du fisc, en portant les limites de la capitale à une très-grande distance de son centre. C'est lui qui lui assigna une nouvelle frontière dans laquelle furent enclavés tous ses faubourgs soumis dès lors à payer des droits d'entrée sur les principaux objets de consommation.

Cette nouvelle enceinte, assez élevée pour rendre la fraude difficile, fut percée d'un assez grand nombre d'ouvertures pour qu'elles correspondissent à toutes les routes et n'entravassent en aucune façon les relations avec le dehors. Elle suit les contours d'un vaste poligone de 24,100 mètres, c'est-à-dire de 6 lieues, n'ayant pas moins de 40 côtés inégaux, comme les angles qu'ils forment. — Les ouvertures, toutes fermées par une grille et gardées par les employés de l'octroi, sont au nombre de *cinquante-cinq*.

L'immense ligne de fortifications qui, sous le règne de Louis-Philippe, a coûté à la France plus de 750 millions, constitue une autre frontière plus infranchissable dans laquelle on a fait entrer un grand nombre de villages : *sur la rive droite :* Bercy, la Grande-Pinte, Ménilmontant, Belleville, La Villette, La Chapelle, Montmartre, Clignancourt, les Batignolles, Monceaux, les Ternes, Passy, Chaillot, Auteuil, le Point-du-Jour. — *Sur la rive gauche :* le hameau d'Austerlitz, Gentilly, le Petit-Montrouge, Plaisance, Vaugirard, Grenelle. Plusieurs de ces localités ont une population plus considérable que celle de beaucoup de chefs-lieu de département, les Batignolles et Belleville ont l'un et l'autre été mis au rang des cités.

L'enceinte continue, dont les sinuosités géométriques correspondent dans leur ensemble à une étendue de 20 lieues, permet la communication avec la campagne par 56 percées dont les principales sont à ciel ouvert et les autres en forme de tunel.

Les barrières de la rive droite, au nombre de 58, sont

comprises entre la barrière de la Râpée et celle de Passy ; celles de la rive gauche, au nombre seulement de 17, sont comprises entre la barrière de la Gare et celle de la Cunette.

Si l'on fait abstraction des saillies anguleuses formées par les lignes auxquelles appartiennent les 38 barrières de la rive droite, on peut dire que ces lignes qui, dans leur parcours, effleurent le pied des buttes Saint-Chaumont, les abords un peu rudes de Ménilmontant, de Belleville, de Montmartre, etc., dessinent en quelque sorte un arc de cercle commençant et finissant à la Seine, d'une part, par la barrière de la Râpée, de l'autre, par celle de Passy.

Les trois grands rayons, ou si l'on veut, les trois flèches de cet arc, sont les rues Saint-Martin, Saint-Denis et Poissonnière, ayant chacune dans le faubourg de son nom un prolongement qui aboutit à la barrière. — Le segment, sur la rive gauche, égale à peu près en superficie le tiers du segment sur la rive opposée, bien que l'arc qui se termine soit exactement de la même ouverture et s'appuie sur la même base ; l'une de ses extrémités est la barrière de la Gare, à la même hauteur relativement au cours de la Seine, que celle de la Râpée, l'autre extrémité est la barrière de la Cunette, à la hauteur de celle de Passy. C'est par ces quatre barrières que les deux murailles s'abouchent aux deux rives du fleuve dont la passe, en amont comme en aval, est gardée par des bateaux en vedette, qui s'opposeraient à tout introduction par eau.

Les Parisiens ne virent qu'avec douleur s'élever cette triste clôture qui ne pouvait jamais les protéger et qui établissait dans leur ville la cherté de tout ce qui est de première nécessité. Le travail n'était pas achevé, qu'il avait déjà coûté 25 millions, et il excitait les plus vifs mécontentements, quand, au 14 juillet 1789, le peuple brisa les barrières. L'Assemblée nationale, le 1er mai 1791, décréta l'abolition des droits d'entrée dans les villes ; le Conseil des Cinq-Cents, le 27 fructidor an 7, les rétablit sous le titre d'octroi municipal de bienfaisance, et il en affecta le produit aux hôpitaux. Le régime impérial fit rétablir les barrières et achever le mur d'enceinte. La Restauration maintint l'impôt et étendit même la perception à plusieurs objets qui jusque-là en avaient été exempts, en prononçant des peines plus sévères contre ceux qui tenteraient de s'en affranchir. Pendant l'insurrection de juillet 1830, plusieurs barrières furent brisées ou incendiées; le même fait fut répété en février 1848. Le gouvernement provisoire eut quelque vélléité de supprimer un impôt qui, depuis longtemps, soulève une telle antipathie; mais, en attendant que la science économique puisse fournir un moyen de supprimer entièrement les taxes sans compromettre les ressources nécessaires à la cité, on s'est borné, pour répondre au reproche qu'elles n'effleuraient que les jouissances des riches, à frapper d'un droit quelques-uns des nombreux articles qui sont principalement à leur usage.

Les frais de perception de l'octroi ne s'élèvent pas à moins de *deux millions cent soixante-cinq mille six cent un francs.*

La recette totale, pendant l'année 1849, a été de *trentetrois millions dix-sept mille sept cent quarante-huit francs* prélevés sur les boissons, sur les alcools dénaturés pour leur emploi à l'éclairage ou dans les arts, sur les liquides, huiles, vinaigres, raisins, sur les viandes ou autres comestibles, sur les combustibles, sur les fourrages, les matériaux et bois de construction.

Les vins en bouteille, huile d'olive, pâtés, écrevisses, truites, saumons, turbots, esturgeons, huîtres, volailles fines, gibiers, dindes, oies, lapins, agneaux, chevreaux, cire blanche, bougie, etc., ont à peine produit *dix-huit cent mille francs;* tel a été résultat des droits nouvellement établis. Le budget municipal de Paris contient un chapitre pour les dépenses destinées à solder la délation en matière de fraude des droits du fisc. Cet espionnage, pour le compte de l'octroi est la dernière ressource du fraudeur dont toutes les ruses et stratagèmes ont été percés à jour. Trahi, ou pris trop fréquemment en flagrant délit, il devient à son tour un faux frère, et mérite ainsi l'indulgence.

Pas un ballot, pas une caisse, pas un paquet, expédiés de l'extérieur ne pénètrent à l'intérieur de Paris sans avoir été ouverts, examinés, scrutés, sondés, et, parfois, les objets qu'ils contiennent en souffrent quelque peu. Pas une malle, pas une valise, pas un sac de nuit, pas un nécessaire apporté par un voyageur, pas un colis, pas une calebasse, expédiés par le commerce, ne peuvent se soustraire à l'investigation des commis. Le fisc municipal, s'il se le mettait en tête, pourrait s'assurer, lorsque vous vous présentez à la barrière, qu'entre votre peau et votre gilet de flanelle vous ne portez point d'objets soumis aux droits. Si le fisc ne vous visite pas toujours ainsi, c'est pure bienveillance de sa part. Son droit va jusque-là, ou plutôt son droit n'a pas de limite, et les promeneurs parisiens, à qui il a pris la fantaisie bien naturelle d'aller respirer l'air de la campagne, ont toujours, en repassant à la barrière, la jouissance de se voir, eux, leurs femmes et leurs filles, examinés, maniés et fouillés comme des voleurs ou des contrebandiers. Que l'on rentre avec des reliefs de son dîner qu'on aura emporté de Paris pour n'avoir point à faire de dépense, pâtés, veau ou jambon, quelque peu qu'il y en ait, on le saisira, peut-être même fera-t-on un procès-verbal, si l'on n'a pas cru que la déclaration en fût obligatoire.

Au point de vue architectural, les barrières de Paris construites sur les plans de l'architecte Ledoux méritent peu de fixer l'attention : presque toutes sont des édifices sans goût, un lourd assemblage de pierres de taille bizarrement disposées, des bâtiments sans appropriation à la destination qu'on voulait leur donner. Rien de plus pitoyable que la fécondité prétentieuse qui ne sut produire qu'une si pauvre, si mesquine, si triviale variété. Nous ne nous arrêterons pas devant ces monumentales guérites de l'octroi; au-

delà commence un autre monde qui se teint plus ou moins
des nuances si diverses de la grande cité, bien que sous
une foule de rapports il en diffère essentiellement.

Le dimanche, le lundi, quelquefois même le jeudi, une
grande partie de la population parisienne, celle du moins
qui travaille ou tient le comptoir pendant les journées péni-
bles de la semaine, se répand dans la zone comprise entre
le long mur de l'octroi et l'enceinte des fortifications. C'est
là que toute cette masse de boutiquiers et de prolétaires
laborieux va voir une campagne qui n'existe plus, car le
moellon a tout envahi, et où, il y a peu d'années encore, l'œil
pouvait se reposer sur la verdure, où les pelouses et les
ombrages invitaient à s'asseoir, il n'y a plus que les murs
rougis des marchands de vin bleu, les tables disloquées
des guinguettes, une atmosphère de fanges et de fritures,
des rues sales, où une stupide tendance à la *villa* alterne
avec la dégoûtante réalité du bouge, du repaire ou du lupanar. C'est dans ce rayon que l'épicier, le bonnetier, le char-
cutier retirés du commerce, se donnent leur maison de
plaisance et leur quasi-jardin, au milieu des eaux de savon
en putréfaction, des nauséabondes senteurs de la gadoue ou
de la poudrette et des vapeurs méphitiques de tous les établissements insalubres consignés aux portes de Paris par les
résultats de l'enquête hygiénique *de commodo et incom-
modo.*

Depuis vingt ans l'écorce de cet énorme tronc qui fut
jadis Lutèce s'est singulièrement grossie. Que de lichens,
que de mousses, que d'agarics vénéneux, que de parasites
de toutes espèces, que d'insectes dangereux, que d'existences
infectes, ou tout au moins suspectes, se sont implantés là
pour obtenir leur subsistance, pour la pomper, qui d'une
façon, qui d'une autre, du grand corps dont ils semblent
être une des émanations! Cette écorce où se mêlent le bien
et le mal, cette plus voisine banlieue de la capitale, est aussi
le pays des grandes usines, des fabriques, des manufactures importantes, et de quelques industries qui em-

ploient beaucoup de bras et exigent de vastes emplacements.

Non loin de ces bâtiments qui s'isolent d'ordinaire, dont les murs froidement réguliers sont percés de nombreuses fenêtres, remarquez-vous quelque hangar pareillement isolé? Une hutte de vieilles planches mal jointes, encapuchonnée d'une toile à voile salement goudronnée pour préserver de la pluie un intérieur des plus nus. Une épaisse fumée s'échappe de ce taudis : à la voir fuir par mille interstices, vous imagineriez que là se couvent les flammes dévorantes d'un incendie au moment d'éclater ; il n'en est rien, ce sont des fraudeurs et leurs maîtresses qui se chauffent, en s'abreuvant du trois-six, ou d'un cru douteux d'Orléans ; ils s'apprêtent à se *farguer de la camelote* (se charger de l'alcool ou de l'huile), qu'ils se proposent d'introduire dans Paris, sans mettre dans leur confidence la vigilante milice de l'octroi.

La hutte où ils se rassemblent, combinent leurs ruses, préparent leurs stratagèmes, est ce qu'ils appellent le *château des Ventouses* ; c'est un réceptacle de femmes de mauvaise vie, d'hommes sans aveu qui ont eu maints démêlés avec la justice ; c'est en même temps une école d'immoralité, de fainéantise et de crime pour l'ouvrier qu'un trop long chômage condamne à accepter comme une ressource de transition pour sa famille et pour lui le trop chanceux métier de fraudeur.

L'ouvrier qui a goûté une fois de cette vie aventureuse se familiarise avec le gain et la débauche faciles ; bientôt il oublie sa femme et ses enfants, qu'il voulait secourir, pour des dévergondées devenues ses intimes ; son ménage est détruit et lui-même est perdu sans retour : infailliblement il est sur le chemin de la correctionnelle ou de la Cour d'assises ; il y a pour lui du bagne ou de la réclusion en perspective. Sa peine expirée, il reviendra parmi ses camarades de l'*extra muros* ; il les retrouvera, et il recommencera avec eux cette vie de bohême, parsemée d'aubaines et de déshonorantes catastrophes.

Entre les deux enceintes, il y a bien des peuplades, chaque barrière, pour ainsi dire, a la sienne, qui reflète un
peu les mœurs du faubourg auquel elle correspond, et
emprunte en même temps quelques traits des ci-devant villageois de la banlieue, métamorphosés par leur prospérité
en citadins d'une rusticité de voyous.

Dans toute cette collection de peuplades diverses, le failli,
le banqueroutier, l'escroc de bas étage, le libéré, le marau-
deur, le rôdeur, l'individu de l'un ou l'autre sexe réduit à se
dérober aux inconvénients d'une fâcheuse réputation, peuvent toujours se flatter de trouver un milieu où l'on s'in-
quiétera peu de la pureté de leurs antécédents, de ce qu'ils
sont et d'où ils viennent ; si la police ne s'en mêle, personne
ne s'en enquerra.

Cette locution proverbiale *marié au treizième*, prise dans
l'acception qu'elle avait avant que le treizième arrondissement eût une existence légale dans le département de la
Seine, peut s'appliquer à la plupart des couples qui viennent
cohabiter à proximité des barrières.

Les petits commerces sans mise de fonds, sans marchan-
dise, sans achalandage y foisonnent ; les débits de *consolation* s'y fondent avec une simple bouteille de rogome, et
dix flacons transparents d'une eau diversement colorée.
L'épicier s'installe avec des barriques et des caisses vides,
des chandelles de bois et des cônes de glaise recouverts
d'un papier bleu pour figurer les pains de sucre. Plus d'un
marchand de vin n'a dans sa cave que l'unique feuillette
de bleu dit d'Argenteuil, qu'il livre à la consommation
sous tous les cachets et à tous les prix possibles, et plus
d'un gargottier, qui a fait écrire sur sa porte : *un tel donne
à boire et à manger*, ne sait en se levant si, faute de provi-
sions et d'argent, s'il ne se couchera pas sans souper : il faut
qu'un passant se fourvoie pour le nourrir.

Peu de marchands des barrières sont assurés d'un lendemain. Les boutiques, magasins, cabarets, guinguettes, es-
taminets ou cafés, ne font là que se fermer derrière un lo-

cataire qui s'est éclipsé en mettant la clef sous la porte, que s'ouvrir pour un autre qui l'imitera. Rien de stable, rien de prospère que les vastes établissements où l'attrait d'un orchestre assourdissant, d'une batterie de cuisine resplendissante, d'un jardin de lilas, d'un salon de 600 couverts pour noces et festins, et d'une foule de cabinets particuliers pour les noces à huis-clos, amène l'affluence aux beaux jours de l'année. Les propriétaires de ces échantillons du pays de Cocagne sont les heureuses notabilités de céans; à eux toute l'importance locale et les honneurs municipaux; à eux les grades dans la garde nationale, tant pédestre qu'équestre; dans cette milice plus ou moins fricoteuse de la petite banlieue, qui paie à boire peut avoir de l'avancement. Dans un temps l'ambition était aussi permise aux *pratiques* qui avaient servi sous *l'autre*, on les régalait même pendant qu'ils régalaient à leur tour du récit plus ou moins véridique de leurs campagnes. Marengo, Austerlitz, Friedland, Moscou et surtout Waterloo payaient l'écot pour eux; mais aujourd'hui, c'est fini pour la gloire, les *culottes de peau* ne sont plus écoutées, c'est du vieux, du trop vieux; les bédouins et Abd-el-Kader ne font même plus les frais de la conversation : personne ne se vante de ses exploits dans la guerre civile; on ne parle plus que de la Californie, de San-Francisco, du Sacramento, des mines d'or et des malheureux qui vont y puiser à pleines mains: ce sont les *écoute-s'il-pleut* du moment.

La Californie apparaît déjà sur les enseignes; elle se substitue au *Grand-Vainqueur* et au *Petit-Caporal*, qui ne sont guère plus de mode que dans les parages des Invalides. Méfiez-vous de la Californie, tant d'enseignes sont trompeuses! Si vous lisez quelque part (et vous en aurez fréquemment l'occasion) *bon petit vin de propriétaire*, *je vends mon vin*, *vin du vigneron*, ne donnez pas dans le panneau; il y a un puits dans la maison, et l'on vous abreuvera d'une décoction des plus malfaisantes; le soi-disant propriétaire et vigneron cumule deux professions sous une patente unique : teinturier et empoisonneur. Gens de tous états qui n'ont pu faire leurs affaires dans Paris, achèvent de se couler dans la petite banlieue ; quelquefois pourtant ils prennent racine dans son sol et y végètent jusqu'à la fin : le cordonnier y devient inhabile à la fine chaussure, le tailleur s'y rouille et devient incapable de donner la moindre tournure à la coupe de ses habits ; la modiste s'y perd la main et se fausse le goût dans les rhabillages ; la lingère ne confectionne plus que des layettes, des blouses ou des bourgerons ; pas de talent, pas d'aptitude qui ne se perde ; la fine fleur des cuisinières s'étiole dans la fastidieuse et incessante répétition de l'éternelle gibelotte de lapin ou de chat, l'un vaut l'autre, ou bien elle s'épuise à métamorphoser en bifteck la chair du cheval abattu, à raffermir le veau mort-né. Au reste, les supériorités en quoi que ce soit se trouvent si bien dans Paris, que rarement elles émigrent dans la petite ou dans la grande banlieue, qui n'est après tout que le refuge des masettes et des camps-volants. Ces derniers sont en perpétuelle circulation de la rive droite à la rive gauche, de la Râpée à la Cunette, de la Garre à Passy, se dépaysant à coup de déménagements furtifs, de barrières en barrières, et arrivant inévitablement, par une série de châteaux en Espagne et de trous faits à la lune, au terme fatal de l'hôpital ou de la prison.

C'est dans la petite banlieue que le tourlourou rencontre son île de Calypso. Les nymphes qui l'attirent en manière de syrènes fortement avinées, sont tout ce qu'il y a de plus révoltant dans la prostitution. Les antres enfumés qui les recèlent sont souvent le théâtre de rixes sanglantes. Si, en votre chemin, vous apercevez, entassée dans une tapissière, une troupe femelle hurlant des couplets plus ou moins décents et agitant des bouquets dont l'éclat et la fraîcheur contrastent avec la tenue désordonnée, la flétrissure mal dissimulée et le caractère anti-virginal de ce groupe, dites-vous que ce convoi à l'air dévergondé se compose des prêtresses de Vénus Cloacine, soumises à la visite du dispensaire au bureau des mœurs; c'est le contingent des Laïs de barrière qu'on ramène au gîte, en attendant qu'elles soient envoyées à Saint-Lazarre. Tous les ci-devant villages enclavés dans la dernière enceinte de Paris sont infestés de cette lèpre, qui, se trouve-t-elle inoccupée au logis commun, va comme errante s'embusquer dans les chemins de traverse, à l'affût du promeneur isolé; malheur à lui s'il succombe à une inconcevable tentation! Il n'y a plus de sûreté ni pour sa vie ni pour sa bourse. C'est dans l'immonde fréquentation de ces viragos, au milieu des brocs et des pintes, que les beaux fils villageois, dont les parents se sont enrichis par la culture maraîchère ou par le blanchissage sur une grande échelle, se façonnent à tous les genres de dépravation; c'est ce qu'ils appellent *s'affranchir*. Montmartre possède un moulin à vent où s'opèrent des affranchissements de ce genre.

Pauvre génération que celle qui proviendra de ces indigènes de la petite ou de la grande banlieue! Pas un pan de mur qui n'annonce qu'elle est sérieusement menacée; partout s'étalent sur le plâtre les affiches de Boiveau-Laffecteur, du docteur Olivier, de Charles-Albert et de leurs nombreux concurrents; mais, comme les filles ne vont pas moins à la dérive que les garçons, et que les uns et les autres sont en pleine décadence de mœurs, les placards donnant l'adresse et le prix des maisons d'accouchement frappent à chaque instant les regards. Ils prouvent l'utilité pour tout le monde de savoir lire, ne fût-ce que le gros caractère.

L'indigène de la banlieue a tous les vices du Parisien sans avoir aucune de ses qualités: tout bourgeois est à ses yeux une proie qu'il doit exploiter et mépriser en même temps. Il ne manquera jamais de le rançonner à outrance.

Si vous dirigez vos pas par un étroit sentier à travers les rares parcelles de vigne qui se remarquent çà et là dans cette zone autrefois en grande partie consacrée à la culture, gardez-vous de vous baisser ou de vous accroupir, si c'est aux approches de la maturité du raisin, on sera trop heureux de vous avoir aperçu et de vous conduire chez le maire, où, sur des témoignages menteurs, vous serez infailliblement condamné à l'amende, comme un larron assez peu délicat pour mordre indûment à la grappe. Payez et soyez content de n'avoir pas été battu !...

Ennemi du bourgeois, le cultivateur aisé de la banlieue vise cependant à lui ressembler, sinon par ses manières, du moins par son costume : les jours de grandes fêtes et tous les beaux dimanches, il se munit de ses breloques, de sa chaîne d'or, se chausse de ses bottes à semelles cabochées pour plus d'usage, endosse la rédingote de longueur, ou l'habit de fin drap en queue de morue, s'il n'est exagérément écourté, se coiffe du chapeau soyeux et s'enfile dans un pantalon qui laisse voir jusqu'à mi-jambe la couleur des bas, lorsqu'il en a, pour fignoler son gros pied dans un escarpin. Ceci est d'une coquetterie grossière et passablement arriérée. Filles et femmes se sont montrées beaucoup mieux entendues dans leur toilette ; elles se sont résignées à vouloir toujours paraître de leur village, et celles qui essaieraient de jouer la demoiselle ou la dame seraient des exceptions. Honnies, goaillées par leurs voisines, elles passeraient par les langues envenimées des moins vipères ; les tailles se sont allongées, les vieilles mamans seules sont restées indélébilement fidèles aux tailles courtes, au jupon extérieur, au tablier traditionnel de taffetas noir, vert, bleu, aurore ou violet. Les grosses blanchisseuses et les respectables moitiés des gros nourrisseurs, les laitières de première classe attendent Pâques ou Noël pour se carrer, les poings sur la hanche, dans leur robe de lévantine fleur de pêcher. Conservatrices à l'excès, ce n'est qu'au jour de ces grandes solennités qu'elles font prendre l'air à leurs hardes les plus précieuses et mettent au vent les nombreuses rangées de leur jaseron. Leur progéniture féminine ne se requinque jamais sans corset, sans l'artifice menteur de toutes les étreintes qui condensent ses appas, leur impriment un montant attractif et les préservent de vagabonder. Elle vise à la taille de guêpe et n'est plus étrangère aux progrès de la cosmétique; plus d'une *fille de vierge* (on désigne ainsi celles qui, avec ou sans dévotion, sont enrôlées dans la confrérie, dont la place à l'église est dans la chapelle de la mère de Jésus); plus d'une fille de vierge, disons-nous, demande sa fraîcheur aux illusions du rouge végétal, et la blancheur de ses mains aux confections de l'illustre madame Màt; celle qui cherche un épouseur; vous embaume en passant de son eau de Cologne et vous émerveille de sa tournure perfectionnée par toutes les crinolines de l'univers.

Il y a quelque vingt ans, pour ne trouver aucune différence entre une demoiselle de Paris et une fille de la petite banlieue faubourienne, il aurait fallu les voir toutes deux dans le simple appareil de notre mère Eve; aujourd'hui il n'est plus besoin de les voir déshabillées: la première sera tout à fait, pour le décor, semblable à la seconde, si vous lui ôtez le joli bonnet et les riches dentelles qui laissent à découvert les bandeaux d'une chevelure bien lissée et ses provoquants accroche-cœurs. Cette tenue dominicale, pour laquelle a été abandonnée la marmotte des heures de travail, s'unit parfois à un minois des plus agaçants, à un décolleté de gestes et de paroles, à une effronterie un peu cynique, un peu poissarde, très-propres à enhardir un citadin peu déluré; mais qui s'y frotte s'y pique: ces demoiselles n'ont nul souci du *monsieur;* leur galant, si elles le rencontrent à la danse, c'est celui qui, en quittant les cartes ou le billard, au sortir du cabaret, les accostera d'un vigoureux coup de poing dans le dos, tendre caresse qu'elles lui rendront au centuple. Au reste, si vous ne voulez qu'il vous en mésarrive ne faites jamais la cour à l'une de ces beautés, quelque séduisante qu'elle soit: elles sont perfides ni plus ni moins que des transteverines; et si elles ne vous tendaient un guet-apens, tous les garçons qui les regardent comme leurs Sabines ne manqueraient pas de vous traiter comme un Romain. Gare à qui se risque à chasser sur leur

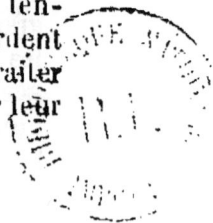

terre, cette fois le Romain aurait du dessous ; que voudriez-
vous qu'il fît contre tous ? qu'il mourut ? Non, qu'il fût cir-
conspect ou plutôt réservé.

D'une barrière à l'autre, d'un village à l'autre de la
petite banlieue, il y a les plus étonnants contrastes ; ici
le sang est beau, la constitution vigoureuse ; à quelques
centaines de mètres de là hommes, femmes, enfants,
tout est misérable, languissant, étiolé ; ici on parle à peu
près le français vulgaire, tout à côté on n'entend que les
idiotismes des faubourgs, un jargon singulier et ignoble,
auquel vient se mêler l'argot des prisons et des bagnes ;
pas de cabaret, pas de guinguette où l'on *n'entrave ;* on
se croirait dans des cavernes de voleurs.

Sous tous les rapports, mœurs, habitudes, costumes,
langage, opinions, chaque barrière participe du faubourg qui l'avoisine ou qui la hante. Aussi, autant de barrières, autant de physionomies, d'allures, de manières d'être
diverses sur toute la zone. Dans tous les villages qui la peu-
plent sont répartis les bouchers, les boulangers, les charcu-
tiers, qui viennent dans les halles vendre au prolétaire les
viandes de qualité inférieure, le pain de farine avariée, et
le cochon atteint de ladrerie. Les horticulteurs qui exploi-
tent dans les marchés et chez eux la plus innocente des passions, celle dont on s'est épris pour les dons de Flore, n'ont
point adopté de région spéciale pour leurs établissements ;
les maraîchers affluent de toutes parts, et sans doute qu'il
y a des laitiers-nourrisseurs dans tous les endroits où l'eau
leur permet de faire l'abondance au nez et à la barbe du
galactomètre, impuissant croquemitaine qui n'a jamais dé-
couragé la fraude.

LIEUX REMARQUABLES DANS LA BANLIEUE DE PARIS.

BOURG ET FORT DE VINCENNES.

A 7 kilomètres de la barrière sont situés le joli bourg et le château fort de Vincennes. Vincennes est chef-lieu de canton, et ressort, comme Saint-Mandé, de l'arrondissement de Sceaux ; sa population est de 3,924 habitants, non compris la garnison

Les naturels du pays sont des cultivateurs, toujours plus ou moins en antipathie avec les naturels de Montreuil-aux-Pêches. Ils se sont souvent querellés, et même il leur est arrivé d'en venir aux mains, parce que ces derniers interceptaient le cours des eaux dont ils avaient d'abondantes sources à leur disposition. La guerre entre les Montreuil et les Vincennes, c'est ainsi qu'ils se nomment, ne fut jamais aussi sanglante que celle entre les Guelfes et les Gibelins, mais le levain de la vieille haine dans le cœur des jeunes gens des deux partis subsiste encore, et quand les têtes des uns ou des autres sont échauffées, il n'est pas rare qu'il s'engage une rixe des plus violentes.

A Vincennes il y a peu de bourgeois dans l'aisance, en revanche on y compte bon nombre de militaires retraités, qui, pour entendre encore le canon et la trompette, sont venus se fixer là avec leurs familles. Ceux-là ne craignent pas pour leur vénérable moitié ou pour leur progéniture féminine la rencontre d'un uniforme ou d'une moustache quelque peu entreprenante. C'est la présence de la garnison qui, aux yeux de la bourgeoisie opulente et par trop pudibonde, a dépoétisé les délicieux ombrages du bois de Vincennes. Elle a fui le tambour, les bruyants exercices et l'odeur de la poudre. Les grandes industries se sont aussi prudemment tenues à l'écart ; de telle sorte qu'à Vincennes, il n'y a que les cultivateurs, primitives dynasties de l'endroit, se perpétuant de père en fils dans la même fonction sociale (la production des asperges, des petits pois, de la framboise, des fraises ananas, du cassis, de la groseille et de la violette), puis quelques minces bourgeois intrépidement casaniers, des rentiers tout aussi sédentaires, d'anciens officiers et sous-officiers pensionnés, et pas mal de boutiquiers, épiciers, marchands de vins, cabaretiers, traiteurs, limonadiers, etc., vivant de leur clientèle militaire et de celle des nombreux visiteurs qu'elle procure à leur localité. A Vincennes les mœurs générales sont celles d'une place de guerre, pas de pruderie et propos lestes, c'est la manière et le ton de l'endroit ; toutefois les filles des cultivateurs se sentent peu d'inclination pour le soldat, fût-il le premier bombardier de France. Une faute, deux fautes, avec un garçon, ou même deux garçons du pays, cela se pardonne ; un œillade à un troupier, portât-il l'épaulette d'or, il faut moins que cela pour être à jamais perdu de réputation. Tous les garçons jetteraient la pierre et le mépris à la malheureuse qui oublierait à ce point qu'elle se doit toute à sa caste et qu'il lui est interdit d'en sortir. A Fontenay-sous-Bois, à Montreuil et dans tous les environs, les villageoises doivent se prescrire la même retenue. Rebecca et farouche *au vis-à-vis* du militaire, c'est la consigne, et elles n'oseraient y manquer.

L'ancienneté du bois de Vincennes et son nom sont établis dans une suite de titres authentiques, dont le premier remonte à l'an 847. Il s'appelait en latin *Vilcenna*, d'où l'on a fait Vilcenne, puis Vicenne et enfin Vincennes. Dès 1164, sous Louis VII, il y eut à Vincennes un château habité par des religieuses. C'est Philippe-Auguste qui, en 1183, fit entourer le bois de hautes murailles, afin d'y renfermer un grand nombre de daims, de cerfs et de chevreuils, dont lui fit présent Henri, roi d'Angleterre, qui les avait pris dans ses duchés de Normandie et d'Aquitaine. En 1274, Philippe-le-Hardi agrandit l'enclos, et acheta plusieurs sources dont les eaux furent amenées dans les viviers du château.

Saint Louis séjourna souvent à Vincennes. Sauval dit que, de son temps, on montrait encore dans le bois le vieux chêne sous lequel, suivant ce que nous apprend Joinville, ce roi rendait la justice. C'est de Vincennes, où il avait déposé la couronne d'épine, qu'il partit, les pieds nus et accompagné de ses frères, pour porter cette relique à Notre-Dame de Paris. En 1263, la veille de son départ pour la croisade, il vint coucher à Vincennes, où il prit congé de Marguerite de Provence, sa femme. Jeanne de France, épouse de Philippe-le-Bel, et Charles-le-Bel moururent à Vincennes, l'une le 2 avril 1304, l'autre le 2 février 1327.

Six ans après, le château menaçant ruine, Philippe de Valois le fit raser et jeter les fondements du donjon actuel. Les premières assises étaient à peine hors de terre quand il mourut. Jean, son fils, éleva jusqu'au troisième étage l'édifice, qui ne fut fini que par Charles V, dit le Sage. C'est sous ce prince que les habitants de Vincennes, de Montreuil et de Fontenay, qui n'étaient tenus qu'à entretenir les eaux du château, furent condamnés, par le Châtelet, à monter la garde aux portes du donjon et du parc, en manteaux de gros drap où le chaperon tenait, semblables à ceux que Duguesclin faisait porter à ses gendarmes. Du temps de Charles VII, le roi d'Angleterre Henri, maître d'une grande partie de la France, mourut à Vincennes, en 1422. Jusque-là, le donjon royal n'avait été qu'une sorte de lieu de plaisance, où les rois et les princes venaient se réjouir et prendre leurs ébats. Louis XI, à partir de 1472, en fit un séjour d'angoisses et de malheur. Il le changea en une affreuse prison, remplie d'instruments de tortures, et près desquels il avait son appartement, afin d'entendre gémir ses victimes... Cependant, les rois venaient encore de temps à autre dans ce château, qui continua d'avoir une double destination. Charles IX y était allé cacher ses remords, lorsqu'il fut frappé par une mort prématurée. Sous Louis XIII, des bâtiments considérables furent ajoutés à cette résidence : tels furent la galerie qui existe encore, et deux magnifiques corps de logis, l'un pour le roi et l'autre pour la reine. A cette époque, Richelieu peupla le donjon d'un grand nombre de prisonniers. Le prince de Condé y fut enfermé en 1617, et quarante ans après, son fils, le grand Condé, y fut amené, pendant les troubles de la Fronde, avec le duc de Beaufort, qui réussit à s'évader. Diderot y fit, sous les verroux, un séjour de six mois, pendant lesquels il reçut fréquemment la visite de J.-J. Rousseau. Mirabeau n'y resta pas moins de sept ans. C'est là qu'il écrivit son ouvrage contre les lettres de cachet et ses *Lettres à Sophie*.

Aux approches de la Révolution, on ouvrit cette prison, et tout le monde put aller lire sur les murs des cachots les plaintes et les récriminations amères des malheureux enterrés vivants sous le despotisme royal.

En 1791, les prisons de Paris regorgeant de détenus, on voulut rendre Vincennes à la destination que lui avait assignée Louis XI. Déjà on avait commencé des travaux dans ce but, lorsque, le 2 février, les patriotes du faubourg Saint-Antoine, Santerre à leur tête, s'opposèrent violemment à la restauration de cette bastille ; déjà ils étaient en train de démolir le couronnement du donjon, lorsque Lafayette, accouru de Paris avec plusieurs détachements de la garde nationale, les obligea à se retirer. Soixante-quatre des plus mutins furent arrêtés. Ce mouvement des exaltés du faubourg, obéissant sans s'en douter à une impulsion de la cour, avait été combiné pour éloigner de Paris le chef de la milice citoyenne, pendant qu'aux Tuileries les chevaliers du poignard accompliraient une contre-révolution. Ils annoncèrent que le général avait été assassiné, et, en effet, tout avait été disposé par eux pour qu'il n'échappât pas. Dans le bois de Vincennes, des brigands apostés, croyant faire feu sur lui, tirèrent sur son aide-de-camp Romeuf, qui, heureusement, ne fut pas atteint. A son retour, Lafayette trouva la barrière gardée par un poste de royalistes ;

il lui fallut entrer de vive force, et sous l'arcade près de l'Hôtel-de-Ville, il ne dut qu'à la vitesse et à la solidité de son cheval d'échapper à une nouvelle tentative de meurtre.

Le projet de faire encore une fois de Vincennes une prison d'État fut abandonné ; on se borna à y renfermer les femmes de mauvaise vie, que l'on transféra plus tard dans l'ancien hôpital de Saint-Lazare, au faubourg Saint-Denis.

Sous le Consulat, le château de Vincennes redevint une prison politique ; c'est là qu'une police ombrageuse et prodigue d'incarcérations embastillait les citoyens soupçonnés d'être peu satisfaits de l'ordre de choses qu'elle avait mission de protéger. Plus tard, la prison de Vincennes, confiée à la vigilance de la garde impériale, devint un objet d'effroi. Le bruit se répandit que souvent, pendant la nuit, on y entendait des fusillades, et il se disait qu'à l'intérieur les mamelucks étaient les agents de sanglantes exécutions. Le sort funeste du duc d'Enghien, jugé militairement, condamné à mort, fusillé nuitamment et enterré dans les fossés, a peut-être été le principe de ces tragiques histoires.

C'est à Vincennes que furent enfermés les Polignac, après l'attentat du 3 nivôse ; plusieurs des complices ou présumés complices de Moreau et de Pichegru y firent un assez long séjour. Vincennes reçut aussi les cardinaux noirs, c'est ainsi qu'on désignait ceux qui, à l'époque du concordat, s'étaient montrés hostiles aux intentions de Pie VII et de Bonaparte. Les hôtes infortunés du terrible donjon avaient, à certaines heures, la liberté d'aller respirer sur la plateforme qui le termine ; de cette hauteur, on plane en quelque sorte sur tout un monde ; ce spectacle eût été une consolation pour de pauvres reclus ; mais, par un raffinement de cruauté, les geôliers impériaux établirent sur le parapet une cloison qui dérobait à leur poitrine un air pur et à leurs regards un si vaste horizon. C'est à Vincennes que furent enfermés, après la chute de Charles X, les ministres du coup d'État, le prince de Polignac, le comte de Peyronnet, MM. de Chantelauze et de Guernon de Ranville. Il s'était répandu dans Paris qu'ils ne seraient pas jugés ; un immense rassemblement se rendit alors à Vincennes pour demander qu'on les lui livrât ; mais toute cette colère de la multitude vint se briser contre l'énergique fermeté du gouverneur de la forteresse, le général Daumesnil, si connu du peuple sous le nom de la *Jambe-de-bois*.

Sous le règne de Louis-Philippe, les cachots de Vincennes restèrent vides. Après la révolution de Février, il n'y eut aucune arrestation politique, aucun coupable à juger ; mais au 15 mai, un attentat contre l'inviolabilité de l'Assemblée nationale ayant eu lieu, le château de Vincennes fut de nouveau converti en prison, pour mettre à l'abri d'un coup de main les chefs présumés de cette entreprise, que leurs partisans pouvaient vouloir délivrer.

Prison ou forteresse, le château de Vincennes est d'un aspect formidable ; il retrace deux des principaux caractères du gouvernement féodal : l'impénétrabilité du repaire et l'impunité, la sûreté de ses vengeances à l'ombre du mystère ; pas de soupirs, pas de sanglots, pas de cris qui ne puissent être étouffés entre ces épaisses murailles. Différent en ce point de la plupart des autres forteresses du moyen-âge, le château de Vincennes a été construit en plaine, et il serait accessible de toutes parts si, pour le rendre inexpugnable, tout l'art des vieux temps ne s'était surpassé dans l'emploi de ses ressources. Ni en France, ni ailleurs, il n'a jamais rien produit d'aussi complet, d'aussi vaste, d'aussi régulier, d'aussi solide, d'aussi ingénieux dans ses procédés. Les dégradations qu'on remarque dans quelques parties de cet ensemble immense sont l'œuvre de la main des hommes, mais à peine peut-on y découvrir quelque trace de vétusté. Les pierres sont toutes d'une qualité admirable, à l'épreuve de toutes les intempéries, et il est probable que le boulet entamerait difficilement ce que les hivers ont respecté.

La figure du château de Vincennes est un long quadrilatère a angle droit, d'une grande dimension. Les grandes lignes sont dans la direction du nord au midi. Des fossés larges et profonds, des murailles et des tours composent une enceinte infranchissable, si l'on ne recourt aux moyens de la moderne polyorcétique. C'est au milieu, du côté nord, armé à ses deux extrémités d'une tour carrée, que se trouve l'entrée principale pratiquée dans un corps de bâtiment muni de tous les accessoires défensifs en usage autrefois : des ponts-levis, une herse, des meurtrières, des mâchicoulis, dont on reconnaît encore la place : rien n'y manque. Au centre, du côté opposé, une porte s'ouvre sur le bois, avec lequel on communique par un pont de pierre, élevé sur un large et profond fossé. Anciennement, cette communication avait lieu par un pont-levis. Le côté exposé à l'orient se développe entre deux tours carrées, également distantes d'une tour intermédiaire, près de laquelle s'élèvent la chapelle et une construction moderne répétée en face symétriquement. Le côté qui regarde au couchant ne diffère du précédent qu'en ce que le fameux donjon remplace la tour du milieu.

Des neuf tours qui portaient aux nues leurs créneaux superbes, une seule est restée intacte, c'est la tour du Diable, située du côté du village. Elle est surchargée d'ornements et de détails d'une sculpture bizarre. Les autres tours furent rasées à la hauteur du mur d'enceinte, lorsque Bonaparte, averti par ses revers, songea à faire de Vincennes une place de guerre.

C'est dans le fossé, du côté de l'esplanade, à droite du pont-levis et dans l'angle rentrant formé par la *tour de la Reine*, que fut assassiné le duc d'Enghien : une lanterne fixée sur sa poitrine indiquait où les balles devaient frapper. Sa fosse fut creusée à l'instant même, et sur le tertre qui avait aidé à la retrouver, la Restauration fit placer un cippe de granit rouge, sur une base de marbre noir, avec cette inscription :

Hic cecidit.

Un saule pleureur ombrageait ce simple monument, qui a disparu depuis la révolution de Juillet.

Les restes du prince, après avoir reposé pendant quinze ans en cet endroit, furent enfin transférés dans la chapelle du château et déposés dans un monument élevé à sa mémoire.

Mais pénétrons dans le château, où la curiosité peut trouver amplement à se satisfaire ; on arrive par deux ponts-levis, un petit pour les gens de pied, un grand pour les voitures, puis on passe par trois portes ; celle qui donne définitivement accès à l'intérieur ne peut s'ouvrir ni en dedans sans le secours du dehors, ni en dehors sans le secours du dedans. A droite et à l'entrée du grand pont-levis, est gravée sur une table de marbre la curieuse inscription en vers où sont consignées toutes les particularités relatives à la construction du donjon. Les trois portes franchies, on est dans la cour royale, où se trouvent deux grands bâtiments modernes, symétriquement liés à leurs extrémités par deux galeries en portiques, couronnées de balustrades; à gauche était l'appartement de Louis XIV et celui de Marie-Thérèse. Une porte ornée ouvre une seconde cour; à gauche est le donjon, à droite la sainte chapelle, bâtie par Charles V; le gothique en est exquis, les vitraux peints par Jean Cousin, sur les dessins de Raphaël, faisaient l'admiration des connaisseurs. C'est dans cette chapelle que se pratiquait le cérémonial pour les réceptions dans l'ordre de Saint-Michel. Le mausolée du duc d'Enghien, œuvre des mauvais jours du sculpteur Deseine, est une regrettable pauvreté.

Le donjon est comme une forteresse dans une autre: il a ses fossés particuliers, d'une profondeur de 40 pieds et revêtus de pierres de taille, montant verticalement jusqu'à hauteur d'une courbure qui regarde en dedans, de manière à former un insurmontable obstacle pour quiconque essaierait de gravir le fossé sans une assistance extérieure. Une galerie ouverte, percée de meurtrières, ajoute à la défense dont le système se complète par les tours qui, aux quatre angles, débordent par leur base sur le fossé. C'est encore par trois portes qu'on peut arriver dans le donjon, qui est au milieu d'une cour; sa forme est carrée; ce géant semble porter les quatre tours qui cachent les arêtes de ses angles. Un hardi escalier conduit aux cinq étages dont il se compose; à chaque étage est une salle carrée dont la voûte, au centre, s'appuie sur un énorme pilier; une vaste cheminée permet d'y faire du feu; aux quatre coins de cette immense pièce sont quatre cabinets ayant également leur cheminée, et ayant souvent servi de prison; au troisième étage, une galerie extérieure en saillie règne autour du bâtiment. Le sommet du donjon forme une terrasse cintrée, d'une coupe de pierres des plus curieuses; ce belvéder est surmonté à l'un de ses angles d'une guérite en pierre, d'une exquise délicatesse et d'une hauteur extraordinaire. Au rez-de-chaussée était la chambre *de la question*, où, en 1790, on voyait encore tout l'affreux arsenal de la torture. Au cinquième étage était la salle du conseil, où le roi, quand il habitait le donjon, se consultait avec ses ministres sur les affaires de l'État.

Dès qu'un des étages recélait des prisonniers, toutes les portes étaient rigoureusement fermées ; la porte commune par une porte épaisse et doublée de fer extérieurement et intérieurement. Chaque cachot était clos par trois autres portes également doublées, et chacune d'elles garnie de deux serrures et de trois verroux. Ces portes étaient placées en sens inverse, s'ouvrant en travers l'une de l'autre, la première barrant la seconde et la seconde la troisième, ou bien l'une s'ouvrait à droite, un autre à gauche, tandis qu'une dernière se haussait et s'abaissait comme un pont-levis. L'épaisseur des murs est de 16 pieds et l'élévation des voûtes de 32. Toutes ces prisons sont privées d'air et de lumière ; d'étroites ouvertures sont censées donner accès à l'un et à l'autre, à travers trois grilles de fer croisées entre elles, de manière que les barreaux de la première masquent les vides de la seconde, et ceux de la seconde les vides de la troisième. Les cachots les plus étroits et les plus obscurs sont ceux du rez-de-chaussée. Les huit tours carrées sont également des prisons ; les plus affreuses de toutes sont, sans contredit, dans la tour de la *surintendance ;* quatre cachots, compartiments froids et ténébreux, où la taille humaine ne peut se déployer, où le prisonnier n'a pour s'étendre qu'un lit de pierre, y sont de véritables sépulcres ; plus bas, est un caveau plus abominable encore, où l'on ne peut descendre que par un trou pratiqué dans la voûte. Oh ! maudits soient à jamais les monstres dont l'orgueil et la méchanceté ne purent se satisfaire qu'en créant de si cruels moyens de faire sentir ou de venger leur puissance !

Avant que Paris eût son enceinte de fortifications et ses forts détachés, sentinelles avancées de sa défense, dans la croyance des Parisiens, le château de Vincennes, disposé en 1815 pour résister à une première attaque, était une citadelle imprenable. Cette opinion semblait être justifiée par la belle conduite du général Daumesnil, si connu du peuple sous le nom de la *Jambe-de-Bois*. Tout le monde sait avec quelle fermeté il résista dans ce poste lors de l'invasion de 1814. Depuis plusieurs jours la capitale était occupée par les armées alliées, que Daumesnil ne se rendit pas; il n'était alors bruit, dans tout Paris, que de son obstination et de la gaîté de sa reponse aux sommations de l'ennemi : « Quand vous me rendrez ma jambe, je vous rendrai ma place. » A la menace de commencer contre lui un siège en règle, son *ultimatum* fut : qu'il tenait la place du gouvernement français, et qu'il ne la remettrait qu'à ce gouvernement; » en même temps, il fit arborer le drapeau blanc. Lors de la seconde invasion en 1815, Daumesnil déploya la même énergie, c'est-à-dire qu'il tint pour le roi et qu'on n'entreprit pas de le forcer.

Le château de Vincennes est aujourd'hui une caserne, un dépôt considérable d'armes et de munitions de guerre, une école d'artillerie et du génie, et quelquefois une prison. 'n y avait meublé de somptueux appartements pour les jeunes princes de la maison d'Orléans. C'est à Vincennes que se font, sous les yeux du comité d'artillerie, toutes les expériences et tous les essais d'innovation qui peuvent se rattacher aux progrès de cette arme. Il faut voir à l'une des extrémités du parc, en se dirigeant vers la presqu'île de la Marne, le polygone, sa butte et toutes ses dépendances. Là existe, mais encore à l'état rudimentaire, la fameuse *Canonville*, un des projets du vieux maréchal Soult, et dont on a tant parlé dans les dernières années du règne de Louis-Philippe. Canonville, qui ne devait pas coûter moins de 20 millions, et devenir tout à la fois un arsenal fortifié, une fonderie, une manufacture d'armes, une manutention de vivres pour cent mille hommes, une colossalle réunion de magasins et de casernes, ne consiste, jusqu'à présent, qu'en de vastes hangars et en deux fortins destinés à s'opposer au passage de la Marne à Pont-Joinville. Lorsqu'il y a manœuvre à feu au polygone, les promeneurs doivent éviter de se placer dans la ligne de tir; plus d'un curieux a payé de sa vie l'oubli de cette précaution.

perbes, une seule est restée intacte, c'est la tour du Diable, située du côté du village. Elle est surchargée d'ornements et de détails d'une sculpture bizarre. Les autres tours furent rasées à la hauteur du mur d'enceinte, lorsque Bonaparte, averti par ses revers, songea à faire de Vincennes une place de guerre.

C'est dans le fossé, du côté de l'esplanade, à droite du pont-levis et dans l'angle rentrant formé par la *tour de la Reine*, que fut assassiné le duc d'Enghien : une lanterne fixée sur sa poitrine indiquait où les balles devaient frapper. Sa fosse fut creusée à l'instant même, et sur le tertre qui avait aidé à la retrouver, la Restauration fit placer un cippe de granit rouge, sur une base de marbre noir, avec cette inscription :

Hic cecidit.

Un saule pleureur ombrageait ce simple monument, qui a disparu depuis la révolution de Juillet.

Les restes du prince, après avoir reposé pendant quinze ans en cet endroit, furent enfin transférés dans la chapelle du château et déposés dans un monument élevé à sa mémoire.

Mais pénétrons dans le château, où la curiosité peut trouver amplement à se satisfaire ; on arrive par deux ponts-levis, un petit pour les gens de pied, un grand pour les voitures, puis on passe par trois portes ; celle qui donne définitivement accès à l'intérieur ne peut s'ouvrir ni en dedans sans le secours du dehors, ni en dehors sans le secours du dedans. A droite et à l'entrée du grand pont-levis, est gravée sur une table de marbre la curieuse inscription en vers où sont consignées toutes les particularités relatives à la construction du donjon. Les trois portes franchies, on est dans la cour royale, où se trouvent deux grands bâtiments modernes, symétriquement liés à leurs extrémités par deux galeries en portiques, couronnées de balustrades; à gauche était l'appartement de Louis XIV et celui de Marie-Thérèse. Une porte ornée ouvre une seconde cour; à gauche est le donjon, à droite la sainte chapelle, bâtie par Charles V; le gothique en est exquis, les vitraux peints par Jean Cousin, sur les dessins de Raphaël, faisaient l'admiration des connaisseurs. C'est dans cette chapelle que se pratiquait le cérémonial pour les réceptions dans l'ordre de Saint-Michel. Le mausolée du duc d'Enghien, œuvre des mauvais jours du sculpteur Deseine, est une regrettable pauvreté.

Le donjon est comme une forteresse dans une autre : il a ses fossés particuliers, d'une profondeur de 40 pieds et revêtus de pierres de taille, montant verticalement jusqu'à hauteur d'une courbure qui regarde en dedans, de manière à former un insurmontable obstacle pour quiconque essaierait de gravir le fossé sans une assistance extérieure. Une galerie ouverte, percée de meurtrières, ajoute à la défense dont le système se complète par les tours qui, aux quatre angles, débordent par leur base sur le fossé. C'est encore par trois portes qu'on peut arriver dans le donjon, qui est au milieu d'une cour; sa forme est carrée; ce géant semble porter les quatre tours qui cachent les arêtes de ses angles. Un hardi escalier conduit aux cinq étages dont il se compose; à chaque étage est une salle carrée dont la voûte, au centre, s'appuie sur un énorme pilier; une vaste cheminée permet d'y faire du feu; aux quatre coins de cette immense pièce sont quatre cabinets ayant également leur cheminée, et ayant souvent servi de prison; au troisième étage, une galerie extérieure en saillie règne autour du bâtiment. Le sommet du donjon forme une terrasse cintrée, d'une coupe de pierres des plus curieuses; ce belvéder est surmonté à l'un de ses angles d'une guérite en pierre, d'une exquise délicatesse et d'une hauteur extraordinaire. Au rez-de-chaussée était la chambre *de la question*, où, en 1790, on voyait encore tout l'affreux arsenal de la torture. Au cinquième étage était la salle du conseil, où le roi, quand il habitait le donjon, se consultait avec ses ministres sur les affaires de l'État.

Dès qu'un des étages recélait des prisonniers, toutes les portes étaient rigoureusement fermées ; la porte commune par une porte épaisse et doublée de fer extérieurement et intérieurement. Chaque cachot était clos par trois autres portes également doublées, et chacune d'elles garnie de deux serrures et de trois verroux. Ces portes étaient placées en sens inverse, s'ouvrant en travers l'une de l'autre, la première barrant la seconde et la seconde la troisième, ou bien l'une s'ouvrait à droite, un autre à gauche, tandis qu'une dernière se haussait et s'abaissait comme un pont-levis. L'épaisseur des murs est de 16 pieds et l'élévation des voûtes de 32. Toutes ces prisons sont privées d'air et de lumière ; d'étroites ouvertures sont censées donner accès à l'un et à l'autre, à travers trois grilles de fer croisées entre elles, de manière que les barreaux de la première masquent les vides de la seconde, et ceux de la seconde les vides de la troisième. Les cachots les plus étroits et les plus obscurs sont ceux du rez-de-chaussée. Les huit tours carrées sont également des prisons ; les plus affreuses de toutes sont, sans contredit, dans la tour de la *surintendance ;* quatre cachots, compartiments froids et ténébreux, où la taille humaine ne peut se déployer, où le prisonnier n'a pour s'étendre qu'un lit de pierre, y sont de véritables sépulcres ; plus bas, est un caveau plus abominable encore, où l'on ne peut descendre que par un trou pratiqué dans la voûte. Oh ! maudits soient à jamais les monstres dont l'orgueil et la méchanceté ne purent se satisfaire qu'en créant de si cruels moyens de faire sentir ou de venger leur puissance !

Avant que Paris eût son enceinte de fortifications et ses forts détachés, sentinelles avancées de sa défense, dans la croyance des Parisiens, le château de Vincennes, disposé en 1813 pour résister à une première attaque, était une citadelle imprenable. Cette opinion semblait être justifiée par la belle conduite du général Daumesnil, si connu du peuple sous le nom de la *Jambe-de-Bois*. Tout le monde sait avec quelle fermeté il résista dans ce poste lors de l'invasion de 1814. Depuis plusieurs jours la capitale était occupée par les armées alliées, que Daumesnil ne se rendit pas; il n'était alors bruit, dans tout Paris, que de son obstination et de la gaîté de sa réponse aux sommations de l'ennemi : « Quand vous me rendrez ma jambe, je vous rendrai ma place. » A la menace de commencer contre lui un siége en règle, son *ultimatum* fut : qu'il tenait la place du gouvernement français, et qu'il ne la remettrait qu'à ce gouvernement; » en même temps, il fit arborer le drapeau blanc. Lors de la seconde invasion en 1815, Daumesnil déploya la même énergie, c'est-à-dire qu'il tint pour le roi et qu'on n'entreprit pas de le forcer.

Le château de Vincennes est aujourd'hui une caserne, un dépôt considérable d'armes et de munitions de guerre, une école d'artillerie et du génie, et quelquefois une prison. On y avait meublé de somptueux appartements pour les jeunes princes de la maison d'Orléans. C'est à Vincennes que se font, sous les yeux du comité d'artillerie, toutes les expériences et tous les essais d'innovation qui peuvent se rattacher aux progrès de cette arme. Il faut voir à l'une des extrémités du parc, en se dirigeant vers la presqu'île de la Marne, le polygone, sa butte et toutes ses dépendances. Là existe, mais encore à l'état rudimentaire, la fameuse *Canonville*, un des projets du vieux maréchal Soult, et dont on a tant parlé dans les dernières années du règne de Louis-Philippe. Canonville, qui ne devait pas coûter moins de 20 millions, et devenir tout à la fois un arsenal fortifié, une fonderie, une manufacture d'armes, une manutention de vivres pour cent mille hommes, une colossale réunion de magasins et de casernes, ne consiste, jusqu'à présent, qu'en de vastes hangars et en deux fortins destinés à s'opposer au passage de la Marne à Pont-Joinville. Lorsqu'il y a manœuvre à feu au polygone, les promeneurs doivent éviter de se placer dans la ligne de tir; plus d'un curieux a payé de sa vie l'oubli de cette précaution.

Le bourg de Vincennes est riche en auberges, cafés-esta-minets, marchands de vins-traiteurs, restaurants, hôtels, dont le plus considérable, nous voudrions dire le moins cher, est à l'enseigne du *Grand-Cerf*. Mais à Vincennes il y a des réfections pour toutes les bourses. Ne dédaignez pas les modestes établissements où se rendent les sous-officiers; si vous n'êtes pas en bonne fortune, et que vous ne cherchiez pas à vous dissimuler à l'ombre du huis-clos du cabinet particulier, le comptoir ne vous mettra pas le couteau sur la gorge.

La fête de Vincennes a lieu le dimanche après le 15 août.

L'étendue du bois de Vincennes et de 752 hectares, en-tourés de murs; au centre est une étoile, où neuf routes viennent aboutir; un obélisque, surmonté d'un globe et d'une aiguille dorée, porte deux écussons dont les inscrip-tions indiquent qu'en 1751 une plantation nouvelle rem-plaça l'antique forêt. Le parc de Vincennes était autrefois riche en fauves; sous Charles X, on l'avait peuplé de la-pins qui, malgré la vigilance des gardes, n'échappaient pas tous aux collets des rustiques voisins. Souvent aussi il leur arrivait d'être salués au passage par l'étourdissant coup de chapeau d'un carrier rentrant de sa besogne, ou par la sour-noise contondance d'un bâton de paysan. La faisanderie était très-riche et très-bien entretenue. Le duc d'Angou-lême prenait un grand plaisir à tirer au vol ces brillants volatiles; chaque fois il en faisait un rude massacre, et les courtisans de célébrer son adresse, qui, en effet, n'était pas ordinaire, puisque, pour ajuster, il n'avait jamais pu parve-nir à fermer un œil.

Pendant la belle saison, les dimanches et autres jours fériés, il y a souvent des danses dans le bois de Vincen-nes, quelquefois même des bals improvisés : un amateur a apporté son violon, ou son octavin, ou son cornet à piston, instrument favori du garçon épicier ou de toute autre oreille anti-musicale ; il s'offre d'être le ménétrier, et toute l'aimable société, ravie de cet orchestre individuel, polke avec d'inouïs transports d'allégresse. Autrefois, dans le bois, on n'eût pas fait cinquante pas sans rencontrer, ou mollement assis sur le gazon, ou debout, se promenant amoureusement penchés l'un vers l'autre, de bien tendres couples; plus loin, partout enfin où il y avait de l'espace, c'étaient des guirlandes animées de jeunes filles, bien innocentes, qui sautaient et gambadaient en rond en chantant:

> Nous n'irons plus au bois,
> Les lauriers sont coupés;

ou bien encore qui jouaient en répétant en façon de psalmodie,

> Promenons-nous dans les bois
> Pendant que le loup n'y est pas.

En effet, le loup n'y est pas, mais les mamans ont imaginé que, par le fait d'une nombreuse garnison, souvent assez désœuvrée et peut-être aussi, en certaines occasions, légèrement avinée, il pourrait y avoir là, pour des jouvencelles, un danger beaucoup plus grave que celui du loup. D'une part, les discrètes amours ne se sont plus senties attirées vers ces ombrages déshérités de leurs mystères; d'autre part, les mamans prudentes et les fillettes ont fui comme si le loup y était. Si bien qu'aujourd'hui, dans ce bois de Vincennes, où il y avait jadis des joies pour tout le monde, il ne s'aventure guère que dryades ou hamadryades par trop aguerries, et puis là, tout s'est désenchanté à la fois, tout ce qui était champêtre s'est évanoui : y a-t-il rien de moins pastoral qu'un uniforme, de moins idylle que la fanfare, de moins églogue que des retentissements perpétuels de coups de canon? Aussi, comme les chantres ailés de céans ont disparu : pas un rossignol, pas une fauvette, pas un gazouillement d'oiseau dans ces feuillées dont la douce verdure a perdu tous ses habitants.

SAINT-DENIS ET SON ILE.

Par sa proximité de Paris, dont elle n'est distante que de 9 kilomètres, par sa position, par les trois forts qui la couvrent, celui de l'est, celui du nord ou la *Double-Couronne*, et celui de Labriche, la ville de Saint-Denis, dont les environs peuvent être facilement inondés, doit être considérée comme la sentinelle avancée de la capitale. Sa situation sur les rivières du Crould et du Rouillon, près de la rive droite de la Seine et sur un canal qui fait communiquer cette rivière au canal de l'Ourcq, permettrait, en cas d'urgente nécessité, de la rendre en quelque sorte inaccessible. Saint-Denis n'a pas plus de 6,600 habitants, parmi lesquels un assez grand nombre de militaires en retraite et quelques industriels, notamment des meuniers-fariniers, laveurs de laines, mécaniciens, fabricants de produits chimiques. Peu de villes sont moins bourgeoises et plus tristes en toutes saisons. Saint-Denis est peut-être plus ancienne que la vieille monarchie française; à son nom se rattachent un grand nombre de souvenirs historiques, guerres féodales, guerres étrangères, guerres civiles, guerres religieuses, querelles, déprédations et débauches de moines; c'est à Saint-Denis que se conservait l'oriflamme, le drapeau rouge, qui fut un temps le *palladium* de la patrie de nos ancêtres. L'abbaye de Saint-Denis, ses abbés si riches, si puissants et sa basilique, ancienne sépulture des rois, étaient célèbres. On venait de tous les pays de la chrétienté adorer les reliques des trois martyrs Denis, Rustique, Rhuthère, qui avaient leur tombeau dans cette église, dont le trésor, pendant plusieurs siècles, se grossit par l'effet des royales munificences et la piété des fidèles. Des légendes merveilleuses, conservées par la tradition, recommandaient ce lieu à la vénération, et le bruit des miracles qui s'y étaient opérés ne laissait pas se tarir la source des pieuses libéralités. Outre les corps de ces trois martyrs, la basilique possède encore trois des corps des prétendues onze mille vierges, qui, selon une fable accréditée par l'ignorance, reçurent à Cologne la palme glorieuse, mais qui en réalité n'existèrent jamais qu'en une seule personne du nom de *Undecima*. La basilique, telle qu'on la voit aujourd'hui, s'est élevée sur des ruines successives. En 638, Dagobert fit construire une église où il n'y avait auparavant qu'une chapelle; en 754, Pépin veut la remplacer par une autre d'une plus grande magnificence; il la fait commencer, et elle n'est achevée qu'en 775, sous Charlemagne; plus tard, le fameux Suger en fait démolir une grande partie, afin de la rétablir sur un plan plus majestueux. Dans le treizième siècle, elle subit encore des changements, et elle ne conserva plus de son ordonnance primitive que le portail et les deux tours. En 1793, la destruction des tombeaux de Saint-Denis fut décrétée; une commission fut nommée pour veiller à ce que tout ce qui intéressait l'art fût respecté. L'exhumation commença le 12 octobre. Le premier tombeau ouvert dans le caveau des Bourbons fut celui de Henri IV ; les traits du visage n'étaient point altérés et le corps était parfaitement conservé. Dans le caveau de François Ier tous les corps étaient en pourriture, et il s'en exhalait des vapeurs infectes ; à l'ouverture du cercueil de Louis XV, les ouvriers qui y procédaient faillirent être asphyxiés. Tous ces détritus informes furent jetés dans une fosse commune, sur laquelle l'herbe des champs remplaça les pompeux mausolées et les fastueuses épitaphes. En 1794, il fut question de détruire de fond en comble l'église de Saint-Denis, mais on se borna à enlever le plomb de sa couverture pour en faire des balles. Deux ans après, on recouvrit en tuile une partie du vaisseau. Les travaux ayant été suspendus, on revint, en 1797, à l'idée de faire enfin disparaître ce monument, où, pendant tant de siècles, tant d'or avait été enfoui ; cependant on se contenta de le dépouiller de ses vitraux. Bonaparte, consul, décréta la restauration de cette église, empereur, il rendit, le 20 février 1806, un nouveau décret d'après lequel, dans l'avenir, elle serait consacrée à la sépulture des empereurs.

Sous le règne de Napoléon, Saint-Denis reçut plusieurs établissements, dont un était l'une des trois succursales de la maison d'Ecouen, affectée à l'éducation des filles des membres de la Légion-d'Honneur. Depuis 1814, la maison d'Écouen a été supprimée, et celle de Saint-Denis est devenue la principale ; elle peut recevoir 500 pensionnaires, dont 400 élevées gratuitement. Le dépôt de mendicité et la maison de répression datent également du temps de l'empire.

La basilique, l'institution des filles de la Légion-d'Honneur, logées dans l'ancien couvent des moines, sont tout ce qu'il y a de plus remarquable à Saint-Denis. La basilique surtout est digne de l'attention des artistes et des curieux, elle est toute une histoire de l'art en France ; son orgue géant est le plus grand qui ait été fait.

Saint-Denis, on devait s'y attendre, a été longtemps une ville contre-révolutionnaire : en 1795, le gouvernement eut à y réprimer une émeute de femmes, irritées de la trop longue disparition de ce qu'elles avaient habitude de voir, des princes, des religieuses et des moines; aujourd'hui on n'y pense plus, la population de Saint-Denis s'est ouvert les sources de la véritable prospérité et la petite ville possède des fabriques qui rivalisent avec les plus renommées de France.

La célèbre foire du *Lendit*, établie en 629 par le roi Dagobert, se tient encore à Saint-Denis, mais ni le clergé ni l'Université de Paris, avec son cortége d'étudiants et de filles de joie, ne viennent plus y festiner et y débattre leurs priviléges; cette foire ne dure pas moins de quinze jours; on y vient de plusieurs pays de l'Allemagne, et il s'y vend plus de 100,000 moutons et d'énormes quantités de laine. Une autre foire de neuf jours s'ouvre le 11 janvier, une de huit jours le 24 février, encore une de neuf jours le 9 octobre, et une troisième le samedi ou mercredi le plus près du 11 juin : draps, toiles, lainages, rouenneries, sont les marchandises qui se débitent dans ces foires; il s'en vend, année commune, pour plus de quatre millions de francs. Saint-Denis a une assez jolie salle de spectacle.

Nous ne rentrerons pas dans Paris sans avoir vu la charmante île de Saint-Denis, anciennement île de Chasteler ou de Chasteliers, appelée aussi quelquefois *île d'Amour*, parce qu'il fut un temps où les couples amoureux de la capitale, naïfs tourtereaux, pouvaient s'y croire isolés du monde entier. Aux beaux jours de la féodalité, cette île de la Seine fut le repaire d'un Burchard le Barbu, qui y avait fait construire une forteresse d'ou il faisait de fréquentes incursions sur les terres des moines, qu'il pillait et dévastait sans obstacles. Les moines s'étant plaints de ces brigandages au dévot roi Robert, ce prince, voulant les débarrasser d'un si terrible voisin, lui donna en 998 la terre de Montmorency, sous la condition expresse que ni lui ni ses descendants n'exerceraient plus leurs déprédations sur les propriétes de l'abbaye. Mais ses descendants, qui, depuis lors, prirent le nom de Montmorency, ne tinrent compte de cette promesse, et en 1119, Mathieu de Montmorency, connétable de France sous Philippe-Auguste, dut renouveler l'engagement de ne construire aucun *recets* (*receptacula*) dans l'île Saint-Denis; en cas d'infraction au traité, le roi pouvait non seulement faire raser le fort, mais aussi le village entier. En 1575, Charles V fit l'acquisition de cette île et la donna à l'abbaye.

A la pointe de l'île est l'église paroissiale du village, qui n'a pas plus de 522 habitants. Leur fête est le dimanche après la Saint-Pierre; ce jour-là les deux magnifiques ponts suspendus, qui mettent l'île en communication avec le rivage, ne sont plus assez larges, et leur oscillation est peu rassurante. Une fois dans l'île, dont le sol est richement planté, on a, de tous côtés, de ravissants points de vue; aussi, dans l'été, de brillantes et joyeuses sociétés y viennent en parties de plaisir, attirées qu'elles sont par la certitude d'y trouver de bons restaurants, des cafés bien tenus et des barques commodes pour la promenade sur l'eau. Les canotiers de Paris y descendent volontiers : l'île de Saint-Denis est une si bonne relâche pour la matelotte et la friture!

MONTMARTRE ET SAINT-OUEN.

Montmartre est un gros bourg dont la population est de 20,710 habitants. C'est en quelque sorte une ville qui jouit de tous les avantages de la cité; elle a son théâtre, où les acteurs de Seveste donnent des représentations tous les jours; et l'eau, qui anciennement n'y était recueillie que dans des citernes, lui est abondamment fournie à toutes les hauteurs par des fontaines publiques. Aucun des environs de Paris n'a été plus fouillé pour l'extraction de la pierre ou du plâtre que la gigantesque butte de Montmartre; aussi y voyait-on naguère de fréquents éboulements, des maisons tout entières disparaissaient dans de profondes excavations; on s'en épouvantait; mais, depuis, de grands travaux de consolidation ont dissipé toutes les craintes à cet égard, et les constructeurs n'ont plus hésité à bâtir sur des carrières dans lesquelles on avait la perspective d'être englouti un jour ou l'autre.

En 1153, la reine Adélaïde, veuve de Louis-le-Gros et de Mathieu de Montmorency, mourut à Montmartre dans l'abbaye de Bénédictines dont elle avait été la fondatrice. C'est dans ce couvent, dont les nonnains étaient fort dissolues,

commission fut nommée pour veiller à ce que tout ce qui
intéressait l'art fût respecté. L'exhumation commença le 12
octobre. Le premier tombeau ouvert dans le caveau des
Bourbons fut celui de Henri IV ; les traits du visage n'étaient
point altérés et le corps était parfaitement conservé. Dans
le caveau de François Ier tous les corps étaient en pourriture,
et il s'en exhalait des vapeurs infectes ; à l'ouverture du
cercueil de Louis XV, les ouvriers qui y procédaient faillirent être asphyxiés. Tous ces détritus informes furent jetés
dans une fosse commune, sur laquelle l'herbe des champs
remplaça les pompeux mausolées et les fastueuses épitaphes. En 1794, il fut question de détruire de fond en
comble l'église de Saint-Denis, mais on se borna à enlever
le plomb de sa couverture pour en faire des balles. Deux
ans après, on recouvrit en tuile une partie du vaisseau. Les
travaux ayant été suspendus, on revint, en 1797, à l'idée
de faire enfin disparaître ce monument, où, pendant tant
de siècles, tant d'or avait été enfoui ; cependant on se contenta de le dépouiller de ses vitraux. Bonaparte, consul,
décréta la restauration de cette église, empereur, il rendit,
le 20 février 1806, un nouveau décret d'après lequel, dans
l'avenir, elle serait consacrée à la sépulture des empereurs.

Sous le règne de Napoléon, Saint-Denis reçut plusieurs établissements, dont un était l'une des trois succursales de la
maison d'Ecouen, affectée à l'éducation des filles des membres de la Légion-d'Honneur. Depuis 1814, la maison d'E-
couen a été supprimée, et celle de Saint-Denis est devenue
la principale ; elle peut recevoir 500 pensionnaires, dont
400 élevées gratuitement. Le dépôt de mendicité et la maison de répression datent également du temps de l'empire.

La basilique, l'institution des filles de la Légion-d'Honneur, logées dans l'ancien couvent des moines, sont tout ce
qu'il y a de plus remarquable à Saint-Denis. La basilique
surtout est digne de l'attention des artistes et des curieux,
elle est toute une histoire de l'art en France ; son orgue
géant est le plus grand qui ait été fait.

Saint-Denis, on devait s'y attendre, a été longtemps une ville contre-révolutionnaire : en 1795, le gouvernement eut à y réprimer une émeute de femmes, irritées de la trop longue disparition de ce qu'elles avaient habitude de voir, des princes, des religieuses et des moines; aujourd'hui on n'y pense plus, la population de Saint-Denis s'est ouvert les sources de la véritable prospérité et la petite ville possède des fabriques qui rivalisent avec les plus renommées de France.

La célèbre foire du *Lendit*, établie en 629 par le roi Dagobert, se tient encore à Saint-Denis, mais ni le clergé ni l'Université de Paris, avec son cortège d'étudiants et de filles de joie, ne viennent plus y festiner et y débattre leurs privilèges; cette foire ne dure pas moins de quinze jours; on y vient de plusieurs pays de l'Allemagne, et il s'y vend plus de 100,000 moutons et d'énormes quantités de laine. Une autre foire de neuf jours s'ouvre le 11 janvier, une de huit jours le 24 février, encore une de neuf jours le 9 octobre, et une troisième le samedi ou mercredi le plus près du 11 juin : draps, toiles, lainages, rouenneries, sont les marchandises qui se débitent dans ces foires; il s'en vend, année commune, pour plus de quatre millions de francs. Saint-Denis a une assez jolie salle de spectacle.

Nous ne rentrerons pas dans Paris sans avoir vu la charmante île de Saint-Denis, anciennement île de Chasteler ou de Chasteliers, appelée aussi quelquefois *île d'Amour*, parce qu'il fut un temps où les couples amoureux de la capitale, naïfs tourtereaux, pouvaient s'y croire isolés du monde entier. Aux beaux jours de la féodalité, cette île de la Seine fut le repaire d'un Burchard le Barbu, qui y avait fait construire une forteresse d'où il faisait de fréquentes incursions sur les terres des moines, qu'il pillait et dévastait sans obstacles. Les moines s'étant plaints de ces brigandages au dévot roi Robert, ce prince, voulant les débarrasser d'un si terrible voisin, lui donna en 998 la terre de Montmorency, sous la condition expresse que ni lui ni ses descendants n'exerceraient plus leurs déprédations sur les propriétés de l'abbaye. Mais ses descendants, qui, depuis lors, prirent le nom de Montmorency, ne tinrent compte de cette promesse, et en 1119, Mathieu de Montmorency, connétable de France sous Philippe-Auguste, dut renouveler l'engagement de ne construire aucun *recets (receptacula)* dans l'île Saint-Denis; en cas d'infraction au traité, le roi pouvait non seulement faire raser le fort, mais aussi le village entier. En 1575, Charles V fit l'acquisition de cette île et la donna à l'abbaye.

A la pointe de l'île est l'église paroissiale du village, qui n'a pas plus de 522 habitants. Leur fête est le dimanche après la Saint-Pierre ; ce jour-là les deux magnifiques ponts suspendus, qui mettent l'île en communication avec le rivage, ne sont plus assez larges, et leur oscillation est peu rassurante. Une fois dans l'île, dont le sol est richement planté, on a, de tous côtés, de ravissants points de vue; aussi, dans l'été, de brillantes et joyeuses sociétés y viennent en parties de plaisir, attirées qu'elles sont par la certitude d'y trouver de bons restaurants, des cafés bien tenus et des barques commodes pour la promenade sur l'eau. Les canotiers de Paris y descendent volontiers : l'île de Saint-Denis est une si bonne relâche pour la matelotte et la friture!

MONTMARTRE ET SAINT-OUEN.

Montmartre est un gros bourg dont la population est de
20,710 habitants. C'est en quelque sorte une ville qui jouit
de tous les avantages de la cité; elle a son théâtre, où les acteurs de Seveste donnent des représentations tous les jours;
et l'eau, qui anciennement n'y était recueillie que dans
des citernes, lui est abondamment fournie à toutes les hauteurs par des fontaines publiques. Aucun des environs de
Paris n'a été plus fouillé pour l'extraction de la pierre ou
du plâtre que la gigantesque butte de Montmartre; aussi y
voyait-on naguère de fréquents éboulements, des maisons
tout entières disparaissaient dans de profondes excavations;
on s'en épouvantait; mais, depuis, de grands travaux de
consolidation ont dissipé toutes les craintes à cet égard, et
les constructeurs n'ont plus hésité à bâtir sur des carrières
dans lesquelles on avait la perspective d'être englouti un
jour ou l'autre.

En 1153, la reine Adélaïde, veuve de Louis-le-Gros et de
Mathieu de Montmorency, mourut à Montmartre dans l'abbaye de Bénédictines dont elle avait été la fondatrice. C'est
dans ce couvent, dont les nonnains étaient fort dissolues,

tant la nature est quelquefois plus forte que la dévotion, que Henri IV, faisant le siége de Paris, connut Marie de Beauvilliers, à peine âgée de dix-sept ans, et dont la figure était aussi belle que son âge était tendre. Le roi l'aima : en être aimé pour lui c'était tout un,

Princes et rois vont fort vite en amour;

mais bientôt elle fut oubliée pour Gabrielle.

C'est dans la Chapelle des Saints-Martyrs, bâtie à mi-côte de la montagne, qu'en 1534, Ignace de Loyola et neuf de ses compagnons firent leurs premiers vœux. Ainsi, c'est de Montmartre que le jésuitisme se répandit sur la terre, où il vint l'envelopper, comme dans un vaste épervier. Anciennement, dit Sauval, les pauvres maris, *martyrs* de la méchanceté de leurs femmes, venaient faire une neuvaine à la chapelle de Montmartre. De leur côté, les femmes qui avaient à se plaindre de la brutalité de leurs époux venaient dans l'église de l'abbaye invoquer saint *Raboni*, à qui le peuple attribuait la vertu miraculeuse de rabonnir les plus féroces. Saint Raboni est, assure-t-on, le même que saint Crysogome, qui, à la prière de sainte Anastasie, obtint de Dieu qu'il appelât à lui son mari, dont elle avait à se plaindre. Voici ce qu'on lit à ce sujet dans le *Menagiana* : Une femme fit une neuvaine à saint Raboni pour demander la conversion de son mari; quatre jours après le mari étant mort, elle s'écria : *Que la bonté du saint est grande, puisqu'il donne plus qu'on ne lui demande!*

Au temps du vieux paganisme, le sommet de la montagne était couronné par un temple de Mercure, dont on voyait encore des vestiges au commencement du dix-septième siècle. C'est dans ce temple que saint Denis refusa sa génuflexion et l'offrande de l'encens à l'idole que l'on voulait qu'il adorât. Les bourreaux l'entraînèrent alors au bas de la montagne et lui tranchèrent la tête dans le lieu où se trouvait le temple de Mars. Plus tard, les chrétiens élevèrent une église à la place du temple de Mercure, et une chapelle dans le lieu témoin de la mort du martyr. Les Normands dé truisirent ces pieux édifices, qui furent relevés dans le douzième siècle. L'église paroissiale, ancienne église de l'abbaye, est dédiée à saint Pierre; c'est un monument des plus remarquables; il offre dans son ensemble, comme dans ses détails, des restaurations de plusieurs époques bien distinctes.

Montmartre, par sa position, a joué un rôle important à toutes les époques où la capitale a été attaquée. Les Normands, les Anglais, les Armagnacs, Henri IV et les ligueurs l'ont pris pour siège de leurs opérations. Le 30 mars 1814, Blucher fut réellement maître de Paris même avant la capitulation dès qu'il se fut rendu maître de cette hauteur, dont on avait négligé d'assurer la défense; il lui eût suffi, pour dicter ses conditions, de tourner contre Paris les quelques bouches à feu dont les redoutes étaient armées. En 1815, la butte fut mieux fortifiée; mais la trahison, qui facilita à l'ennemi le passage de la Seine en lui livrant le pont du Pecq, rendit toute résistance impossible.

Depuis que les fortifications ont envahi le mont Valérien, Montmartre est redevenu un lieu de pèlerinage; son calvaire et le souvenir des saints martyrs attirent un grand nombre de fidèles.

Les guinguettes de Montmartre sont très-renommées. Autrefois, pas un de ses nombreux moulins à vent qui ne fût un cabaret où l'on buvait le petit vin en mangeant des crêpes. La meunière était avenante, le meunier complaisant; on gambadait, on se balançait, on montait à âne. La meunière et sa poêle étaient en permanence. Tout est bien changé aujourd'hui; il n'y a plus de meunier complaisant, plus de meunière avenante, plus de poêle, plus de crêpe, plus de farine, plus d'âne même au service des écuyers à la Sancho-Pança; il n'y a plus de moulin à blé, il n'y a plus qu'une machine à broyer des os brûlés pour en faire du noir animal; tout près est encore quelquefois un taudis où l'on exploite la pastorale tradition : gardez-vous d'y entrer, c'est un mauvais lieu. Des meuniers et œs ânes, il n'y en a plus et l'académie de Montmartre est passée à l'état de mythe. L'ânesse seule a persisté, au bénéfice des pauvres poitrinaires qui attendent leur soulagement des produits consciencieux de la laiterie Damoiseau. A Montmartre, le promeneur trouve très-facilement du lait pur sortant du pis de la vache et des œufs frais. L'attrait d'un air salubre y a multiplié les maisons d'éducation : on y compte deux pensionnats de garçon et six de demoiselles.

Montmartre possède un grand nombre d'établissements industriels ; les étrangers ne manquent jamais de visiter la fabrique de statues en pierre artificielle, rue Saint-Jean, 10, et celle de mosaïque, rue de l'Empereur, 68.

Montmartre est le véritable belvéder des Parisiens : de tous côtés se présentent d'admirables points de vue ; de nulle part on ne peut saisir aussi bien l'ensemble de la grande ville et de ses contours. Sauval raconte que Henri IV étant un jour à Montmartre ; il baissa et se prit à regarder Paris entre ses jambes : Que je vois de nids de c...! s'écria-t-il ; un bouffon, nommé Gallet, se mit dans la même posture et cria : Sire, je vois le Louvre. Cette saillie fit beaucoup rire le roi.

Le hameau de Clignancourt, situé sur le côté de la montagne qui fait face à Saint-Denis, fait partie de la commune de Montmartre ; il se compose de quelques maisons de campagnes et de quelques établissements industriels. La chaussée qui y conduit est bordée de guinguettes, parmi lesquelles figure celle qui est tenue par les cuisiniers associés.

Si nous avions parlé du télégraphe et de l'obélisque qui est placé sur un des points culminants de la hauteur pour servir de but à la ligne de mire de l'Observatoire, il nous resterait peu de choses à dire de Montmartre ; nous nous bornerons à les mentionner, de même que l'Asile de de la Providence, où 50 à 60 vieillards des deux sexes et de pauvres orphelins sont entretenus aux frais d'une association philantropique.

De la caducité à la tombe il n'y a pas loin, et souvent le cercueil est tout près du berceau; c'est la réflexion que suggère toujours l'aspect du *champ des morts*; nous avons dû la faire en parcourant le cimetière de Montmartre. Que de générations, que de vieillards, que d'enfants ont été enfouis dans ce sol gypseux ! Le cimetière de Montmartre est le plus ancien de la capitale, et c'est bien dans sa vaste enceinte que l'on peut dire : Paris sous terre est mille fois plus peuplé que dessus. Voilà des siècles que des ruines humaines vont s'y entasser chaque jour, et pourtant en cet endroit il ne s'est pas formé une seconde montagne, rien ne s'est exhaussé d'une manière sensible; tout est consommé, tout a disparu. C'est que l'humanité est si peu de chose comparée à la masse qui la réclame et l'absorbe ! Le cimetière de Montmartre, appelé autrefois plus philosophiquement *Champ du Repos*, occupe une vallée entourée et terminée par trois collines; il renferme quelques remarquables monuments, les restes mortels d'un grand nombre de personnages illustres.

C'est à Montmartre que, sous une pierre souvent visitée, dort, en attendant la réalisation de son phalanstère, Charles Fourier, mort dans son illusion. Dieu et la raison lui fassent paix ! Non loin de là est la dépouille du dernier descendant de Michel-Ange, Philippe Buonaroti. Le niveau gravé sur son cyppe funéraire indique qu'il fut un des rêveurs de l'égalité absolue. Godefroid Cavaignac a aussi là sa sépulture et sa noble image, si énergiquement rendue par Rude, l'un des plus grands sculpteurs de la pensée.

Les marbriers, les jardiniers fleuristes, grillageurs, décorateurs de tombes et autres parasites de la sépulture sont nombreux aux abords du cimetière, où l'on n'arrive qu'à travers ce bazar mortuaire tout bordé de leurs étalages de funèbres colifichets.

Il n'y a que peu d'années, le champ du repos avait un bien bruyant et folâtre voisin, le nouveau Tivoli, dont l'orchestre et les danses n'étaient pas à cent pas de ses silencieuses demeures. Aujourd'hui Tivoli a cédé sa place aux

rues inachevées d'un quartier tout neuf inventé par la spéculation.

La barrière Blanche, à l'extrémité de la rue de ce
nom, touche aux premières maisons de Montmartre; elle
n'est pas un rendez-vous de plaisir, elle est à peine un passage; cependant en face de cette barrière existent deux
restaurants, le *Grand-Salon* et la *Dame-Blanche*, qui ont
un attrait tout particulier pour les nombreux visiteurs du
cimetière. Le *Grand-Jardin-des-Acacias* et les *Deux-Ber-
ceaux* sont des lieux de douce consolation pour des parents
et des amis qui, après avoir suivi un convoi, désirent faire,
le verre en main, le panégyrique du défunt.

De Montmartre à Saint-Ouen la route est si droite et le
trajet si court que nous devons pousser jusque-là. Saint-
Ouen, joli village de 1,300 habitants, est situé sur une éminence à 8 kilomètres de Paris. Le territoire de cette commune possédait autrefois plusieurs maisons royales et sei-
gneuriales. C'est dans un de ces manoirs que mourut, en 683
(*Odœnus*), saint Ouen, évêque de Rouen. Philippe de Valois
et le roi Jean, son fils, eurent à Saint-Ouen une habitation
qui reçut de ce dernier le nom de *la Noble-Maison*. C'est là
qu'en 1351 il institua l'ordre des chevaliers de l'Etoile ou
de la Noble-Maison. Ils étaient au nombre de 500, qui, le
jour de la Notre-Dame de la mi-août, devaient tous se rendre au lieu de l'institution à l'heure de prime et demeurer
tout le jour et le lendemain jusqu'après vêpres rassemblés
dans une salle immense autour de la table d'honneur.

Au commencement du dix-huitième siècle, il ne restait
pas vestige à Saint-Ouen des anciennes demeures royales;
mais de magnifiques maisons princières les avaient remplacées; on y remarquait surtout celle du duc de Niver-
nais et celle du prince de Rohan, qui appartint plus tard au
fameux ministre Necker et en dernier lieu à M. Ternaux,
l'un des plus riches industriels de France. C'est à Saint-
Ouen, où il passait une partie de l'année, qu'il fit les premiers essais de *silos* pour la conservation des grains, et

éleva le célèbre troupeau de mérinos dont il employait les toisons à la fabrication des tissus qui se sont appelés de son nom *châles Ternaux*.

Le château seigneurial dans lequel s'étaient données les fêtes les plus brillantes, et dont la Pompadour, comblée de l'or de la France par le sultan du Parc-aux-Cerfs, avait fait un séjour délicieux, a été démoli en 1817, et rebâti bientôt après avec une magnificence toute royale. C'est dans le vieux château de Saint-Ouen que s'arrêta Louis XVIII, le 2 mai 1814, lors de sa rentrée en France; les sénateurs vinrent lui présenter une constitution, où se lisait : « Louis-Stanislas-Xavier sera proclamé *roi des Français*. » Sa réponse fut une déclaration avec cette formule : « Louis, par la grâce de Dieu, *roi de France et de Navarre*. » La Charte fut publiée le 4 juin suivant, et datée de la dix-neuvième année d'un règne dont la nation n'avait pas la moindre connaissance.

C'est pour la comtesse du Cayla que fut réédifié le château de Saint-Ouen; Louis XVIII ne voulut pas que sa Zoé n'eût que les restes de la marquise de Pompadour. Le 2 mai 1823, elle inaugura ce palais par une fête monstre dont le roi podagre fit les honneurs. Le touriste comme le promeneur ne peut se dispenser de visiter cet *eldorado* de la Circé qui avait eu le don d'enchanter le vieux monarque.

L'église de Saint-Ouen est peu remarquable, mais elle fut longtemps un lieu de pélerinage; entre autres reliques qu'on allait y adorer, était un doigt de saint Ouen, l'auriculaire sans doute, qu'on faisait passer dans sa châsse près de l'oreille des personnes sourdes, dont grand nombre furent de la sorte guéries de leur infirmité. Il eût été en effet bien absurde qu'en raison de son nom *Odœnus, Ouen*, qui se rapproche des mots *audire, ouïr*, la spécialité du saint évêque, en fait de miracles, ne fût pas la cure radicale des affections du tympan.

Saint-Ouen est encore, dans la banlieue de Paris, un des rares villages où la campagne n'a pas perdu une grande partie de ses agréments. Sa fête est le 25 août.

LE CHATEAU ROUGE,

ANCIENNE MAISON DE PLAISANCE DE HENRI IV.

Le Château-Rouge a recueilli la succession de Baujon et de Tivoli ; ses fêtes sans pareille, ses illuminations féeriques, ses feux d'artifices comme on n'en rêve pas, ses jeux, ses ascensions, ses descentes en parachute, ses scènes mimiques et de prestidigitation, son restaurant, son café, ses kiosques magiques, mille piquantes curiosités, mille surprises, un orchestre monstre, de la plus irréprochable, de la plus électrisante exécution, toujours du nouveau, toujours du resplendissant, de l'éblouissant, de l'étonnant, de l'enivrant : voilà le Château-Rouge ; il y a moins de prestiges dans les poétiques jardins d'Armide, dans les fantastiques créations des Mille et Une Nuits, et là sont aussi des houris séduisantes, de sémillantes bayadères ; Pomaré y fit applaudir les poses ravissantes de ses polkas, de ses mazurkas ;

Pomaré et ses émules, on venait les voir, et le maître de céans le savait bien, et il était assez galant pour offrir à leur assiduité l'appât d'une toilette ébouriffante qui ne leur coûtait rien, et une prime qu'elles ne refusaient jamais. Dieu merci ces demoiselles n'étaient pas si fières!

Le Château-Rouge, avec ses vastes jardins, son bal si animé, il n'est dame ou demoiselle de haut parage qui ne désire plus ou moins vivement faire sa connaissance, ne fût-ce qu'en passant. Il y a là de si beaux cavaliers, de si agréables viveurs, des danseurs si élégants, une élite adorable des plus aimables mauvais sujets de l'univers. Point de bourgeoise, de marchande qui ne soit heureuse qu'on lui propose de la conduire au Château-Rouge. Le Château-Rouge est la préface de plus d'un roman qui se dénoue dans le cabinet de M. de Belleyme.

Au Château-Rouge, le luxe, qui s'étale avec une égale insolence à toutes les couches de la société, nivelle toutes les conditions; le commis et son patron le banquier n'y diffèrent pas d'un iota; le tailleur à qui ils doivent leur habit, le bottier qui lustre leur chaussure, le coiffeur qui les historie leur sont en tout semblables. Le valet de chambre de l'opulence y singe le dandysme de son maître, la soubrette s'est parée des mêmes atours que madame, et l'on peut être sûr que Frontin et Marton ne sont pas à la recherche l'un de l'autre. Fi donc! ils veulent mieux que cela. Au Château-Rouge, tout est grande dame, depuis la reine des salons de la Chaussée-d'Antin jusqu'au dernier rat de la coulisse, jusqu'à la couturière, jusqu'à la lingère, jusqu'à la modiste, jusqu'à la lorette des plus brillants quartiers.

Cependant les quadrilles se forment, ils s'assortissent, ils se posent; la danse commencée, décence et réserve serait pruderie, elle s'échevèle plus ou moins. Mais, çà et là, lionnes et lions, filles de théâtre et de joyeuse vie, dansent vis-à-vis des plus dévergondés sacripans, se livrent à des excentricités qui font monter le rouge au front du gendarme et lui rappellent sa consigne. Alors tout s'est dessiné dans cette Macédoine d'existences, chacune et chacun a son écriteau ; malgré la mise, il n'y a plus d'illusion possible. Mères, emmenez vos filles, mais il est trop tard.

Le Château-Rouge.—Un provincial, un étranger ne peut quitter Paris sans y être allé au moins une fois. Quel spectacle plus varié, plus échantillonné d'intentions rarement tristes que celui de cette foule luxueuse, coquette, qui ne semble respirer que pour le plaisir ; que de misères parées, que de spéculations, que de folles prodigalités de jeunes gens, que de dettes qui ne seront jamais payées, que d'extravagances, que de dissipations, que de sentiments et de passions joués, de voluptés trompeuses ou vénales ; que de santés, de probités, de réputations compromises ; que de préméditations perfides, que de piéges tendus, que de crimes, de ruines, de suicides partiront de là, et avec cet enchevêtrement de destinées si diverses, quel entrain ! — Un jour, pourtant, le Château-Rouge prit une physionomie plus grave, c'était avant février 1848. Il s'était fait banquet, il s'était fait *meeting*, comme diraient nos voisins d'outre-Manche, c'est-à-dire réunion politique, tout ce qu'il y a de plus triste sous l'immense calotte du ciel, surtout quand, suivant la locution consacrée, l'horizon se rembrunit. Souhaitons, au contraire, qu'il s'éclaircisse.

BICÊTRE

ET SES ENVIRONS.

On peut aller à Gentilly ou par la Glacière, ou par la vallée de la Bièvre; mais le chemin, à travers la prairie et sous l'ombrage des peupliers, est le plus agréable. Les premiers habitants de Gentilly furent des *Gentiles*, *Lètes* ou *Gentils*, c'est-à-dire des *Sarmates*, prisonniers à qui les Romains, maîtres des Gaules, donnèrent des terres pour les cultiver. Saint Eloi, plus connu par la chanson sur le roi Dagobert que par sa légende, possédait du bien à Gentilly, qui se nommait alors *Gentiliacum*, et où il avait établi un monastère. Le village de Gentilly, très-considérable à cette époque, avait dans sa dépendance Arcueil et Cachan. Les rois de la première race y avaient une maison de campagne. En 766, Pépin y tint un concile où les évêques discutèrent sur le respect dû aux images. En 878, Louis-le-Bègue fit don à Ingelwin, évêque de Paris, de la maison royale de Gentilly et de l'abbaye fondée par saint Eloi, avec tout ce qui en dépendait. Les prélats successeurs d'Ingelwin devinrent dès lors les seigneurs de Gentilly, et jusqu'au quinzième siècle ils y eurent une magnifique maison de plaisance, où ils se livraient à toutes les débauches. En 1691, les sœurs de la Miséricorde y eurent leur couvent.

Sous Charles IX, le prince de Condé, campé à Gentilly, y eut avec Catherine de Médicis de longues conférences qui furent sans résultat Dans les seizième et dix-septième siècles Gentilly fut un des trois villages adoptés par l'Université pour but de promenade des écoliers. Simon Colin, l'un des plus fameux graveurs de caractères d'imprimerie, était de Gentilly. C'est lui qui, en 1480, exécuta le premier les types romains, tels à peu près qu'ils se sont conservés. C'est à Gentilly que mourut de la pierre, en 1691, le galant Benserade. Il y avait alors en cet endroit un château où se donnaient des fêtes splendides, et de jolies maisons de campagnes possédées par la noblesse de cour, par les gens de robe ou de finances, et appartenant aujourd'hui à des maîtres carriers ou à des blanchisseurs un peu huppés. La population de cette commune est de 9,987 habitants, dont 5,500 sont compris dans la circonscription de Bicêtre.

La fête patronale a lieu le deuxième dimanche de mai; elle se tient sur la place et n'est pas une des moins animées; on danse dans le parc. Il fait bon venir à Gentilly par la Glacière; mais celui qui veut l'aborder par un autre côté se sent le cœur serré en traversant cette zone aride d'excavations qui, de ce côté surtout, laisse à peine quelques rares et étroits espaces à la réjouissante verdure des champs.

Bicêtre est ce sombre et immense édifice qui couronne une hauteur à la droite de la route de Fontainebleau. Il y eut d'abord là, sur un terrain appelé *la Grange-aux-Gueux*, une colonie de Chartreux, appelés en cet endroit par saint Louis, grand amateur de moines de toutes les couleurs; ces religieux s'étant rapprochés de Paris, leur monastère tomba en ruines. Mais la position de cette Thébaïde qu'ils avaient abandonnée était si séduisante, que Jean, évêque de Win-

cester en Angleterre, y fit, en 1290, construire un château
qui prit le nom de son fondateur, Wincester, mais qui, par corruption, a fini par s'appeler Bicêtre. C'est dans ce château que
fut négociée cette paix dite de Wincester, qui, à un an
d'intervalle, fut suivie de sa violation, appelée dans l'histoire
trahison de Wincester. Après plusieurs vicissitudes, le château bâti par l'évêque devint la propriété de Charles V, celui-
ci le donna à son frère le duc de Berri, qui fit construire à
sa place une des plus belles résidences princières qu'il y eût
en France. Elle subsista jusqu'en 1414, époque à laquelle
elle fut prise et incendiée par la faction de Legois, boucher
de Paris. De ce vaste édifice tout rempli d'ouvrages d'art, il
ne resta que deux chambres enrichies d'admirables mosaï-
ques. Après cet embrasement, un duc de Berri, oncle de
Charles VI, fit don des décombres et du sol au chapitre de
Notre-Dame de Paris, qui laissa s'y établir un repaire de
voleurs; pour les expulser, il ne fallut rien moins que faire
raser les maisons construites à leur usage. Louis XIII, en
1652, songea qu'un hôpital destiné à servir de retraite aux
soldats invalides ne pouvait être mieux situé qu'en cet endroit; il le fit élever; ce sont les bâtiments qui existent
encore, mais qui devinrent une annexe de l'Hôpital général
lorsque Louis XIV eut bâti dans l'enceinte de Paris l'Hôtel
royal des Invalides.

Creusé dans le roc, le puits de Bicêtre, par sa profondeur
et ses autres dimensions, est ce qu'il y a de plus curieux à voir.
Ses câbles sont énormes, ses deux seaux gigantesques allant
chercher à 171 pieds l'eau intarissable de plusieurs sources
et l'amenant à bras d'hommes et sans effort, par l'effet d'un
ingénieux mécanisme, dans un réservoir de la contenance
de 4,000 muids, méritent de fixer l'attention des visiteurs.

Durant plusieurs siècles, Bicêtre a servi d'asile aux vieillards indigents, de lieu de séquestration et d'hôpital aux
aliénés, de prison et de maison de force aux filous, aux
vagabonds, aux réclusionnaires; c'était aussi dans ses cachots que les condamnés à la peine capitale attendaient

leur dernier jour et les condamnés aux travaux forcés le départ de la chaîne. Bicêtre, où il y avait en même temps des salles pour les vénériens, était ainsi le réceptacle de tout ce que la population de Paris comptait de plus misérable, de plus infirme, de plus digne de compassion et parfois de respect, se confondant avec ce qu'elle comprenait de plus hideux, de plus méprisable en fait de criminels, de vagabonds et d'infames débauchés. Sous l'ancienne monarchie, Bicêtre servit plus d'une fois les vengeances des hommes puissants, des dames de la cour et des prostituées de haut parage. Sous le règne de Bonaparte, un ordre de Fouché suffisait pour y faire jeter dans un cabanon quiconque faisait de l'opposition au gouvernement impérial; on le traitait alors comme fou, ou si on voulait lui épargner les douches, on se bornait à l'écrouer administrativement comme dangereux. C'était la lettre de cachet de ce temps, où toutes les libertés avaient disparu.

Depuis la translation des prisonniers dans les bâtiments de la Roquette, Bicêtre n'a plus été qu'un hospice ouvert aux aliénés, aux infirmes et aux vieillards indigents, qu'on nomme *bons pauvres*, et qui ne sont admis qu'à soixante-dix ans révolus. Ces derniers ont pour se distraire la ressource d'un atelier commun, où ils se livrent à de petits travaux qui exigent moins de force que de patience et d'adresse. De là proviennent de jolis ouvrages en os, en bois, en paille dont le débit vaut à leurs auteurs les quelques centimes nécessaires pour se procurer du tabac et se réconforter de temps à autre par une chopine d'Argenteuil; des cabarets où ils peuvent la boire sont à portée de leur demeure. Les dimanches et les lundis sont les grands jours de recette pour ces établissements; les parents et amis viennent trinquer avec les vieillards qui leur sont chers. Les aliénés ne sont jamais visibles que pour les personnes de leur famille, et même, dans ce cas, il faut l'autorisation du médecin qui les traite. Autrefois ils étaient constamment inoccupés dans les cours, où ils n'avaient que la fu-

neste distraction de leurs extravagances mutuelles. Aujour-
d'hui on les conduit par détachement dans la campagne, où,
sur des terrains appartenant à l'administration des hospices,
on les emploie à des travaux agricoles d'un effet très-salu-
taire pour eux.

Le fort de Bicêtre commande la route d'Italie.

Tout près de Bicêtre est Villejuif, situé au haut de la
colline, à l'endroit où commence la belle plaine de Long-
Boyau. Ce village, connu dès le règne de Louis VII, s'est
nommé successivement *Villa-Judæa*, *Villa-Jude*, *Villa-
Julitæ*, *Ville-Juive* et enfin Villejuif. L'église de cette
commune date du quinzième siècle. Le 4 mai 1492, il y
eut entre Paris et Villejuif une si furieuse bataille de cor-
beaux, que les historiens du temps en ont fait mention ;
la terre fut rougie de leur sang ; la crédulité vit dans ce
fait extraordinaire un présage qui, suivant elle, se serait
accompli par une pluie diluvienne qui aurait menacé Villejuif d'une véritable submersion.

En mars 1815, Villejuif fut le quartier général des volontaires royaux de Paris, rassemblés en cet endroit sous
les ordres du duc de Berri et du maréchal duc de Tarente,
qui furent trop prudents, l'un et l'autre, pour ne pas
s'éclipser en apprenant que la cage de fer dans laquelle on
amenait Napoléon n'était autre que les fusils des grognards
de l'île d'Elbe. Les volontaires, fort peu nombreux, ne
tardèrent pas à se disperser.

Villejuif, en sa qualité de point culminant, possède un
télégraphe, qu'il fallut rétablir après le départ des Prussiens
qui l'avaient détruit le 10 juillet 1815.

Villejuif est un des plus jolis bourgs des environs de
Paris, dont il n'est distant que de 8 kilomètres. Sa population est de 1,508 habitants, presque tous cultivateurs ou
carriers. Il se fait dans cette localité un grand commerce
de paille et de foin. On y voit un château qui tombe en
ruines et quelques belles maisons de campagne rarement
habitées ; peut-être y a-t-il incompatibilité d'humeur entre

LES CATACOMBES,

ANCIENNES CARRIÈRES DE PARIS,

LES DEUX MONTROUGE, SCEAUX ET SES ENVIRONS.

Dans la cour du pavillon ouest de la barrière, s'ouvre l'entrée principale des catacombes de Paris, d'où sortirent durant des siècles tous les édifices de la grande cité, et dans lesquelles sont aujourd'hui déposés les ossements extraits des églises et des anciens cimetières depuis plus de soixante années. Les catacombes sont comme une autre ville, un monde silencieux, caché à tous les regards, ignoré de la plupart des Parisiens, une capitale des morts ayant ses rues, ses places, ses carrefours, ses fontaines. Là sont rassemblés, par millions, les derniers débris humains de bien des générations expirées. On en a formé, de chaque côté des voies, des murailles dont les parois extérieures sont composées des ossements les plus volumineux; tout le décor de cette architecture funèbre est fait avec des têtes, des tibias, des fémurs, des bassins de l'un et de l'autre sexe; c'est comme une horrible et perpétuelle raillerie de cette vie dont nous sommes si fiers. Des inscriptions plus ou moins philosophiques complètent cette œuvre d'une bien étrange fantaisie. On voit même en ce lieu une sorte de musée où l'on a recueilli tous les ossements qui, par la nature de leur conformation, peuvent intéresser la science. Et dans ces sombres demeures, chaque jour plus d'un travailleur va puiser ses moyens d'existence, en ajoutant à ces gigantesques ossuaires de nouvelles constructions dont toutes les fosses communes et les concessions temporaires fournissent périodiquement les matériaux. Cette suite de galeries occupe une étendue de plus de 674,000 mètres. Trente à quarante générations sont venues s'y engloutir, et l'on a estimé que cette population souterraine était huit fois plus nombreuse que celle qui respirait à la suface du sol. On commença à les creuser au début du quatorzième siècle. Le faubourg Saint-Jacques et le territoire de Montsouris et de Gentilly furent fouillés les premiers. Dans l'origine, ces exploitations eurent lieu sans surveillance, sans méthode, sans aucune espèce de précaution. L'Observatoire, le Luxembourg, l'Odéon, le Val-de-Grâce, le Panthéon, l'église Saint-Sulpice, les rues Saint-Jacques, de la Harpe, de Tournon, de Vaugirard, du Cherche-Midi, de Sèvres, etc., reposent en quelque sorte sur des abîmes. Ce n'est qu'à la suite de nombreux éboulements que l'on a senti la nécessité d'avoir un plan exact de toutes ces carrières, et de faire des travaux de consolidation.

L'idée d'établir des catacombes dans ces souterrains est due à M. Lenoir, lieutenant de police. En 1786 on y transporta les ossements pris dans tous les cimetières dont la suppression avait été résolue; celui des Innocents qui, pendant dix siècles, avait reçu des millions de cadavres, fournit le plus ample contingent. Ces restes furent déposés dans les carrières de la plaine de Montsouris, et la maison de la Tombe-Isoire ou Isouard, nom d'un fameux brigand qui avait désolé le quartier, devint l'entrée de ce vaste tombeau. Depuis ce temps, les ossuaires se sont considérablement accrus. L'arrangement qui règne dans ces régions des ténèbres est dû à l'ingénieur Héricard de Thury. Au-dessus de la principale entrée de ce séjour des morts, on lit ces deux vers de Legouvé :

Dans ces lieux souterrains, dans ces sombres abîmes,
La mort confusément entasse ses victimes.

Puis, de toutes parts, on aperçoit d'autres inscriptions qui enseignent le mépris de la vie et de toutes les vanités de ce monde. Ici c'est une sentence en latin :

Æquat omnes cinis, impares nascimur, pares morimur.

Ce qui veut dire que la mort tient le niveau de l'égalité.

Celui qui ignorerait qu'il faut mourir, verrait cette vérité exprimée de toutes les manières dans les mots gravés sur tous les piliers de ce monde des ténèbres. Tout lui annoncerait qu'il viendra tôt ou tard se confondre avec ce peuple lugubre.

Partout on s'est ingénié à produire avec des ossements les plus étonnantes bizarreries mortuaires.

Ce que l'on nomme l'autel des obélisques est une construction de 1810 destinée à consolider le ciel de la carrière dont les affaissements avaient fait naître des craintes. C'est là une imitation de l'antique, dont les ossements ont encore fait les frais. D'autres travaux de consolidation affectent la forme d'un monument sépulcral élevé à la mémoire du poète Gilbert, qui mourut, comme on le sait, sur un des grabats de l'Hôtel-Dieu, après avoir avalé la clef de son secrétaire.

Une lampe sépulcrale de forme antique, sur un piédestal d'ossements, complète les accessoires du sarcophage. Les dépouilles des infortunés qui, depuis 1791, périrent dans la lutte sanglante des partis politiques ont été réunies dans deux chapelles, appelées l'une le tombeau *de la Révolution*, l'autre celui des *Victimes*. Non loin de là coule une source, nommée d'abord la source de l'Oubli, puis la fontaine de la Samaritaine, parce que l'inscription qu'elle porte rappelle les paroles du Christ à cette femme, et dans ce bassin, depuis 1813, nagent silencieusement quatre poissons rouges, les seuls êtres vivants au milieu de plus de dix millions d'hommes !

On ne pénètre dans les catacombes qu'avec un permis du préfet de police. Mais, pour les visiter sans danger, il est indispensable d'avoir en outre un cicérone, qui vous guide et appelle votre attention sur toutes les particularités de ce dédale. Alors seulement on peut prendre connaissance de tout ce qui offre quelque intérêt dans cette répétition souterraine de Paris au soleil. Là chaque rue d'en bas correspond à une rue d'en haut, porte le même nom que celle-ci et des numéros indiquant l'emplacement de ses maisons. Au moyen de cette précaution, il ne se fait pas un éboulement qu'à l'instant même on ne puisse savoir où doit s'appliquer le remède. L'air atmosphérique arrive dans ces profondeurs par des puits de lumière qui communiquent avec le dehors.

Toutes les excavations d'où sont sorties depuis des siècles les constructions de Paris et des environs ne sont pas des nécropoles. Les Parisiens peuvent vivre et mourir encore longtemps avant de ne plus y trouver de place pour leurs os, il passera bien de l'eau sous les ponts avant que soient remplis tous les vides qui existent sous les trois faubourgs Saint-Germain, Saint-Marcel et Saint-Jacques, et sous Chaillot. Mais l'espace vînt-il à manquer, hors de l'enceinte il y a encore des carrières : de l'est au nord-ouest et au sud, tout est miné vers Saint-Maur, Charenton, Conflans, Gentilly, la barrière de Fontainebleau; du sud à l'ouest, tout l'est pareillement sous la route d'Orléans, les barrières du Maine et de Vaugirard ; de l'ouest au nord, Passy avec le sol qui l'entoure, repose sur d'immenses cavernes.

Il existe des escaliers pour pénétrer dans les catacombes au faubourg Saint-Marcel, près du jardin des Plantes, du marché aux chevaux et de la rue Mouffetard ; au faubourg Saint-Jacques, dans la cour du Val-de-Grâce, et près de la barrière d'Arcueil ; au faubourg Saint-Germain, rue Neuve-Notre-Dame-des-Champs, rue du Pot-de-Fer et rue de Vaugirard, près le palais du Luxembourg. Chaillot a deux de ces escaliers, le premier entre la fontaine de distribution et les réservoirs, le second à la barrière de Longchamp. Saint-Maur, près du pont et au bord du canal ; Charenton. Conflans, le voisinage de la barrière de Fontainebleau, la Voie-Creuse et la Fosse-aux-Lions à Mont-Souris, les barrières d'Enfer, du Maine, de Vaugirard, Vaugirard et Passy, au coin de la grande rue, sont les endroits où se trouvent, hors de l'enceinte fiscale, les escaliers principaux.

Le concierge des catacombes est en même temps le conservateur d'un registre ouvert à tous les visiteurs ; libre à chacun d'y consigner ses impressions. Tout ce que nous y avons lu peut se réduire à ceci : dix siècles et quarante générations d'hommes, tout cela poussière et rien que poussière. Que deviennent les grands et les petits, les rois et les peuples ? Néant. Mais sortons de ces abîmes et poursuivons à la face du ciel le cours de nos explorations.

Au-delà de la barrière d'Enfer, commence le bourg de Montrouge, vaste commune dont le territoire s'étend dans la plaine jusqu'au fort de ce nom et confine aux territoires de Gentilly, d'Arcueil, de Bagneux, de Vanves et de Vaugirard, ayant pour base de son périmètre le boulevart extérieur de Paris, à partir de la barrière Saint-Jacques jusqu'à la barrière du Maine. 10,000 habitants sont distribués par groupes sur cet espace, où se trouvent compris le Grand et le Petit-Montrouge, Montsouris et une multitude de guinguettes plus ou moins renommées, plus ou moins éparses.

L'étymologie du nom de Montrouge, situé dans une

plaine toute sillonnée de carrières souterraines, ne peut se justifier ni par la position de ce bourg, ni par aucune tradition vraisemblable. Montrouge n'a point d'histoire, à moins qu'on n'attache quelque importance à la présence des jésuites qui avaient dans ce bourg leur maison de noviciat au moment où ils furent expulsés de France pour la seconde fois, et qui purent se la faire restituer en 1814, lorsqu'ils revinrent une troisième fois sous le titre de *Pères de la Foi*. Les Montrougiens les voyant de trop près, ne purent qu'en contracter de l'aversion pour l'ultramontanisme ; aussi, après 1830, eurent-ils une église française et un prédicateur de l'abbé Châtel. Toutefois leur engouement pour la nouvelle doctrine ne fut pas de longue durée, et le temple tout neuf du culte dissident est occupé aujourd'hui par un atelier de machines à battre le grain.

Le Petit-Montrouge n'était, il y a quelques années, qu'une collection de cabarets, de traiteurs faisant noces et festins, d'aubergistes transitaires, de magasins de toutes sortes, d'entrepôts de boissons, d'huiles et de combustibles, et de pensionnats pour les deux sexes. Il y avait encore là force carriers, quelques nourrisseurs et des horticulteurs assez mal inspirés pour n'avoir pas prévu l'inconvénient d'aller puiser l'eau à une profondeur de 150 pieds. Longtemps ce faubourg parisien ne consista qu'en deux longues rangées de maisons de chaque côté de la route d'Orléans. Son plus bel édifice était alors l'hospice de la Rochefoucault, où sont admises des personnes âgées pouvant payer une pension de 200 fr. ; la première République en avait fait un hospice national spécialement affecté aux malades pauvres de Bourg-la-Reine et des environs. Le petit Montrouge est maintenant une colonie où s'exercent toutes les grandes et petites industries de la capitale ; c'est une cité magnifiquement éclairée, bien arrosée en été par ses bornes fontaines, et pourvue d'amples trottoirs dans sa rue principale. A gauche de la barrière est l'embarcadère du chemin de fer de Sceaux, qui, par divers circuits, touche à Arcueil, Cachan, Bourg-la-Reine et Fontenay-aux-Roses. On peut descendre à toutes ces stations. Sur la place devant l'embarcadère se sont ouverts plusieurs cafés et restaurants très-fréquentés le dimanche et les jours de fêtes. Le Petit-Montrouge a aussi ses réunions dansantes, et le 25 juillet sa Kermesse, où son grand bal est sous une tente dressée au bord de la plaine. Il appartient alors à tous les saltimbanques de l'univers, à toutes les petites boutiques de la quincaillerie foraine, à tous les marchands de coco, de limonade, de sucres d'orge et de bons hommes de pain d'épice ; des cibles de mille formes différentes couchent en joue la bourse du gamin qui ne doute pas de son adresse ; on tire des macarons comme partout, et l'on peut gagner à toute espèce de jeux, non pas le lingot d'or ou la statue d'argent, mais le timide lapin, l'estampe encadrée ou la porcelaine habillée d'une ombre de dorure, pour en dissimuler les défauts. C'est là que s'écoulent les rebuts en toutes choses.

.e Grand-Montrouge est coupé en deux par l'enceinte bastionnée ; son magnifique parc a disparu sous la hache de la spéculation ; les roues et les câbles des grues ont pris la place des futaies, et les plates-formes, encombrées de blocs de pierre, y font regretter les bosquets.

S'il vous déplaît de patauger dans ce pourtour d'immondices qui cerne Paris, prenez le chemin de fer, et à chacune de ses stations ses wagons pourront vous jeter en pleine campagne. Vous savez déjà ce que sont Arcueil et Cachan ; un peu plus loin est Bagneux, vieux village aujourd'hui tout neuf, Bagneux tout frais et quasi-tout bourgeois, Bagneux vignoble jadis en grand renom, Bagneux où Richelieu eut des oubliettes qu'à l'époque de notre première révolution on trouva remplies d'ossements des victimes du bon temps monarchique ; Bagneux, dont les habitants sont encore nommés *les fous de Bagneux*, parce que, pour avoir des cloches, leurs ancêtres vendirent les eaux de leur village à leurs voisins le Montrouge, qui s'emparèrent des source: et les détournèrent à leur profit. L'église de Bagneux, ré cemment restaurée, date du treizième siècle; elle est souvent visitée par les artistes. La fête de cette commune, où l'on ne compte guère que 1,100 habitants, est des plus gaies quand la vendange a été bonne. Elle a lieu le 18 octobre.

Bourg-la-Reine n'est un peu animé que le jour où s'y tient le marché dit *de Sceaux*; alors les auberges y sont pleines, et l'on peut y bien vivre; mais en tout autre temps Bourg-la-Reine est triste. On a bâti une foule de fables sur l'origine du nom de ce lieu; peut-être est-il venu de ce qu'en l'an 584 Rigonthe, fille du roi Chilpéric, se rendant dans le midi auprès de son fiancé Récarède, y passa la nuit avec son nombreux cortége. La trop fameuse courtisane Gabrielle d'Estrées, qui eut partout des maisons de plaisance aux environs de Paris, en eut une à Bourg-la-Reine. L'habitation que lui fit construire Henri IV est située au milieu d'un parc de 40 arpents. Son entrée est dans la grand'-rue n° 41. Là eut lieu, le 2 mars 1722, l'entrevue de Louis XV, âgé de douze ans, avec sa future épouse l'infante d'Espagne, âgée seulement de quatre ans. Dupuis, le savant et ingénieux auteur de *l'Origine des cultes*, a longtemps habité Bourg-la-Reine, dont le presbytère lui appartenait. C'est à Bourg-la-Reine, où il avait été conduit après son arrestation à Clamart, que Condorcet, ne voulant pas être traîné au tribunal révolutionnaire, mit fin à ses jours par le poison. La population est de 1,500 habitants.

Par un léger détour, à travers les plus riches cultures et sous l'ombrage des noyers, nous arriverons à *Fontenay-aux-Roses*, qu'il faudrait appeler aujourd'hui Fontenay-aux-Fraises, Fontenay-aux-Lauriers-Cerises ou bien encore Fontenay-aux-Violettes et aux Pépinières, car les rosiers ont été impitoyablement proscrits du moment que leurs produits n'ont plus offert des bénéfices assez considérables. Fontenay, avec ses 1,076 habitants, est un des plus riches villages du département de la Seine. Pas de Fontenaisien qui n'ait son cheval et sa carriole pour transporter sur les marchés de Paris les paniers de fraises habilement parés et toujours arrangés avec beaucoup d'art, pour qu'elles puissent faire le trajet sans rien perdre de leur fraîcheur et de leur parfum. C'est vers minuit que commence à s'acheminer vers la capitale le convoi de ces fruits qui flattent à la fois l'œil, l'odorat et le goût; les Fontenaisiennes qui ont accompagné la cargaison reviennent au logis les poches pleines d'argent et la mémoire de plus en plus richement meublée de tout le répertoire ou obscène ou trivial des halles, où elles ont passé la nuit : le langage et les mœurs n'y ont pas gagné. La cueillette des fraises est un rude travail : les matinées sont-elles fraîches, il faut se souffler sur les doigts, et durant les ardeurs de la canicule on est littéralement torréfié. Autrefois, à Fontenay l'arrosage et la cueillette étaient effectués par des filles de la Bourgogne, mais on a essayé des Lorraines, et, comme on les a trouvées de meilleur cœur à la besogne, et qu'à d'autres égards les garçons de Fontenay les ont estimées plus avenantes, l'esprit d'économie et la galanterie se sont accordés pour leur donner la préférence.

Fontenay est dans une situation charmante; on y voit plusieurs maisons de campagne fort agréables; le burlesque Scarron y eut la sienne, c'est celle qui, dans ces derniers temps, appartenait à Ledru-Rollin, l'un des fondateurs de la République. Son parc est vaste et bien planté. Chaulieu, abbé épicurien et poète quelque peu critique, est né à Fontenay. Le chimiste Thénard est une des célébrités que chaque printemps ramène habituellement dans ce village. C'est de Fontenay que tous les fondeurs de l'Europe tirent le sable pour le moulage. Les belles prairies de Fontenay si verdoyantes, si fraîches, si fleuries, si aromatisées, ont entièrement disparu; elles ne sont plus aujourd'hui que des champs de fraisiers; toutes les pelouses ont été envahies, tous les ombrages stériles ont été sacrifiés, le seul qui ait été respecté est celui sous lequel s'établissent les danses le premier dimanche de juillet, jour de la fête patronale. Toutefois, sans aller trop loin, on peut encore trouver aux environs de délicieuses promenades. La Fosse-Basin est presque une vallée helvétique, on s'y croirait à 200 lieues de Paris. A quelques pas de là est l'étang du Plessis, où les baigneurs fontenaisiens viennent nager dans l'été. Quelques pas encore, et vous entrez dans un pays tout propret, tout aligné, et de partout entouré, peigné, gazonné avec le plus grand soin; ces champs, ces taillis, ces prés appartiennent à M. de Girardin, l'ancien grand veneur; ces chemins si unis, si bien entretenus en tout temps, sont à l'usage de sa seigneurie. Toute cette régularité est comme la préface, véritable introduction par contrastes des belles châtaigneraies d'Aulnay. Marchez toujours, et bientôt sur votre gauche vous apercevrez sous son rose badigeon le manoir champêtre de l'opulent gentilhomme; vous êtes déjà dans *la Vallée-aux-Loups*. Ce château gothique, avec tourelles, mâchecoulis, fossés et pont-levis, est une création de Chateaubriand; c'est là, c'est dans ce parc qui reproduit quelques-uns des sites de la Palestine qu'il composa ses *Martyrs*. Ce château est aujourd'hui la propriété de M. Sosthènes-Larochefoucault. Il existe dans la vallée plusieurs autres habitations remarquables; plusieurs sont d'un style bizarre, d'une ordonnance fantasque. Aulnay, la Vallée-aux-Loups, Malabry, le Petit-Chambord, offrent autant de ravissants points de vue où l'on a fait construire des maisons de plaisance. Ce sont là comme autant de hameaux dépendant de Chatenay-les-Bagneux, antique village dont l'église date du dixième siècle. C'est à Châtenay que naquit Voltaire, le 2 février 1694, dans la maison que possède aujourd'hui madame la comtesse de Boigne.

Georges Sand, l'abbé de Lamennais et Pierre Leroux ont été les hôtes de Châtenay. La fête de cette commune est une des plus gaies et des plus champêtres; elle a lieu le premier dimanche d'août.

Sceaux, où nous nous arrêterons, est une jolie petite ville de 2,000 habitants, à laquelle se rattachent bien des souvenirs : les dévotes vous parleront encore des reliques du saint martyr Mammès, qui, depuis 1214, se conservaient en l'église du lieu où l'on venait en pèlerinage pour être délivré de la colique ; les vieillards, qui ne vivent que du passé, vous raconteront tout ce qu'il y avait de beau, de magnifique dans ce château sans pareil que Colbert avait fait construire, dans ce parc immense et ces jardins dessinés par Le Notre, dans ce séjour enchanté tout plein des peintures de Lebrun, des sculptures de Girardon et Pujet. Le récit des fêtes brillantes que le grand ministre y donna à Louis XIV, les embellissements que son fils, marquis de Seignelay, fit à cette superbe *villa*, les sommes immenses que le duc et la duchesse du Maine, ses nouveaux possesseurs, dépensèrent pour qu'il n'y en eût pas de pareille au monde, les cascades incomparables, les eaux jaillissantes, les bassins de marbre, le cours limpide d'une rivière artificielle, les réunions fréquentes dans ce lieu de délices de toutes les illustrations de la science, de la littérature et des arts, les représentations théâtrales par les personnages les plus marquants, les libéralités du comte d'Eu et celles plus amples encore du généreux duc de Penthièvre, voilà les peintures féeriques, les traditions merveilleuses que colore le regret dans la mémoire et dans le langage toujours un peu hyperbolique de ces Nestors. De tout cela il n'y a quasi-plus de vestige. En 1798, le château, qui, avec ses dépendances, avait été acheté par Louis XVI pour la somme de 18 millions, fut vendu comme bien national et rasé, les 700 arpents du parc furent rendus à la culture des céréales ; le jardin de la ménagerie ; le logement du jardinier, la cuisine et les écuries furent seuls conservés. Quelques habitants de Sceaux en firent l'acquisition, et ils abandonnèrent au public un terrain planté de beaux arbres et couvert d'admirables pelouses.

A l'entrée de ce lieu si fleuri qu'encadrent de magiques salles de verdure, on lisait ces deux vers :

De l'amour du pays ce jardin est le gage;
Quelques-uns l'ont acquis, tous en auront l'usage.

Telle fut l'origine du grand bal de Sceaux, qui, pendant un quart de siècle, fut en possession d'attirer l'élite de la jeunesse parisienne. Aujourd'hui le zèle intelligent d'une nouvelle direction, un orchestre nombreux et bien choisi, et la proximité du chemin de fer assurent à cet établissement une vogue nouvelle; où trouverait-on ailleurs une rotonde plus vaste et mieux décorée, de plus jolis visages, de plus riches, de plus fraîches toilettes de villageoises? Les coquettes de Sceaux y font assaut de beauté, d'élégance et de bonne grâce avec celles de Fontenay, de Bagneux, de Châtillon, de Chatenay, de Clamart, de Bourg-la-Reine, de Verrières. Il y a là des minois et des tournures à rendre jalouses les lionnes les plus prétentieuses de la Chaussée-d'Antin. La fête de Sceaux est à la Saint-Jean.

En sa qualité de ville et de chef-lieu d'arrondissement, Sceaux devait avoir aussi sa campagne; pour y arriver, suivons la route qui mène à Bièvre : sur notre droite, nous laissons ce qu'on appelait naguère le *Parc-de-l'Amiral*, immense terrain sur lequel un malencontreux acquéreur a eu l'idée de tracer les rues d'une villa qui ne sera jamais habitée. Avançons toujours dans la même direction, et bientôt une croix va nous révéler l'enceinte où reposent les générations éteintes de la petite cité. Ici fut enterré Florian, mort en 1794, à peine âgé de trente-huit ans. Ses fables occupent une place distinguée après celles de La Fontaine. Une pierre tumulaire marque à peine le lieu de sa sépulture; on y lit cette épitaphe que Mercier y fit graver :

ICI

REPOSE LE CORPS

DE FLORIAN,

HOMME DE LETTRES.

Non loin de là a été inhumé Cailhava, auteur de quelques comédies remarquables par leur gaieté; il mourut à Sceaux en 1813.

Mais quittons le champ des morts, poursuivons notre chemin. Que nous annoncent ces cris de joie, ces chants peut-être bachiques, ces éclats du cornet à piston? Que nous approchons des frontières de Robinson, hameau de plaisance dont les chaumières, les châlets et quelques baraques économiques se sont groupés au milieu des sables, à l'ombre des vieux châtaigniers. Là on danse, on se roule sur l'herbe, on se balance en pleine liberté, et si l'on en veut plus encore, le buisson de Verrières a bien des attraits. Les arbres de Robinson sont devenus autant de salles à manger; où naguère il ne se perchait que de la gent volatile, on a dressé des tables, véritables cabinets de société, où, fourchette en main, des tourtereaux sans plume se content des douceurs en se donnant des baisers dont zéphir et la feuillée sont les seuls confidents. Le danger de perdre l'équilibre pourrait être une garantie de tempérance, et en se fiant à des escaliers trop abruptes, on pourrait craindre le vertige; n'importe, il faudrait n'être pas Parisien pour ne pas désirer de faire, au moins une fois dans sa vie, un dîner à la poulie sur le châtaignier géant; malheureusement, il n'y a pas toujours place pour tout le monde.

CHARENTON ET AUTRE....

Charenton - les - Carrières avoisine Conflans. Son sol, creusé souterrainement pour l'extraction de la pierre, est couvert de jolies maisons de campagne, bâties sur le penchant du coteau. Plusieurs fabriques importantes y sont établies ; on y voit des fonderies de fer, des manufactures de produits chimiques, d'acier poli, des féculeries, des ateliers de gravure pour les cylindres destinés à l'impression des toiles, etc., etc.

Dès le septième siècle, il existait à Charenton un pont de bois sur la Marne pour faciliter par terre les arrivages à Paris. Considéré comme une des clefs de la capitale, ce pont a été souvent fortifié, attaqué, défendu. En 865, les Normands s'en emparèrent et le rompirent. Il a depuis joué un grand rôle dans l'histoire des guerres faites à la France et dans celle des guerres de religion. Les calvinistes le prirent en 1567. Henri IV l'enleva aux soldats de la ligue ; il était alors protégé par une grosse tour à la tête du pont : dix enfants de Paris y résistèrent pendant trois jours à toutes les forces de l'armée royale. Henri IV victorieux fit raser la tour et pendre les dix Parisiens. — Pendant les troubles de la fronde, le pont de Charenton fut plusieurs fois pris et repris ; antérieurement, et dans diverses circonstances, il avait été détruit et réédifié. Il le fut encore en 1714, tel qu'il est aujourd'hui : six de ses arches sont en pierre; quatre autres, qui forment le milieu du pont, sont en bois.

Au moment de la première invasion, en février 1814, l'ennemi inondait les plaines de la Champagne et menaçait d'arriver aux portes de Paris, on fortifia les approches du pont, et il fut établi aux deux extrémités des redoutes palissadées. Mais quand nos soldats se multipliaient en vain pour arrêter le torrent de l'invasion qui débordait de toutes parts, à qui confier cette première défense de Paris? Les élèves de l'école vétérinaire d'Alfort sollicitèrent l'honneur de combattre à ce poste avancé; ils essayèrent en vain de disputer le passage du pont. Le 30 mars, accablés par le nombre, ils furent contraints de céder à la force. Charenton fut pris, et l'ennemi se répandit aussitôt sur la rive droite de la Seine.

C'est à Charenton-Saint-Maurice qu'existait le fameux temple des protestants construit en vertu de lettres-patentes accordées par Henri IV en 1606, brûlé en 1621 par les catholiques, et réédifié deux ans après sur les dessins de Jacques de Brosse, célèbre architecte. Ce temple était d'une grandeur et d'un style imposant dans sa simplicité. Les protestants y tinrent leurs synodes nationaux de 1623, 1631, 1644. Ils avaient auprès une bibliothèque, une imprimerie et des boutiques de libraires. Plusieurs ministres de Charenton se rendirent illustres par leurs talents. En 1658, une bande de fanatiques ameutés par les jésuites, ces incorrigibles boute-feu de la chrétienté, tentèrent pendant la nuit d'incendier le temple ; les protestants se plaignirent au parlement ; mais Louis XIV ayant révoqué l'édit de Nantes, le soir même du jour où cette révocation eut reçu la sanction parlementaire, 22 octobre 1665, les dévots séides de Loyola commencèrent à consommer sur le temple leur œuvre de destruction. Au bout de cinq jours, il ne restait pas vestige de ce vaste et superbe édifice. Sur son emplacement, on éleva un couvent de bénédictines et une petite église qui fut achevée en 1705 et qui subsiste encore.

L'hôpital de Charenton, fondé en 1741, par Sébastien Leblanc, est particulièrement affecté au traitement des maladies mentales. On peut y recevoir plus de quatre cents personnes des deux sexes, admises soit gratuitement, soit comme pensionnaires. Les prix de la pension sont de 1,500 fr. et au-dessus, 1,000 fr. et 720 fr. Le public ne pénètre pas dans les quartiers affectés aux malades; on ne lui montre que les cours et les jardins. Les aliénés reçus à titre gratuit sont renvoyés à Bicêtre, aussitôt que l'on a reconnu l'impossibilité de les guérir.

L'hôpital de Charenton, ci-devant *maison royale*, est situé sur le penchant d'une colline au bas de laquelle coule la Marne; elle offre de toute part une vue ravissante. On y respire un air pur, ses bosquets sont frais, et ses promenades délicieuses, au milieu d'un enclos assez vaste pour que la privation de la liberté ne soit pas trop sensible. — L'exécrable marquis de Sade, ce monstre de luxure et de cruauté qui avait érigé en doctrine la perpétration des crimes inouïs dont il s'était souillé, a terminé dans la maison de Charenton son abominable existence. Nul homme n'a jamais eu une physionomie plus calme et plus douce : c'était la tête vénérable de Bernardin de Saint-Pierre, et pourtant quelle âme! quelle criminelle imagination! quelles épouvantables mœurs! Bonaparte, ne voyant dans les actes de sa vie et dans ses livres que des effets de la démence, l'avait fait renfermer comme fou; il eût mieux fait de le livrer aux tribunaux; rétablir les lettres de cachet, même pour un bon motif, c'était introduire un dangereux précédent, c'était ouvrir la porte à cet arbitraire, qu'il est toujours déplorable de voir substituer à la justice. — Le public honnête eût applaudi à la séquestration du marquis de Sade si elle n'eût pas été un moyen de soustraire à la vindicte des lois et à l'infamie d'une condamnation bien méritée, un membre de la vieille noblesse.

Au-delà du pont de Charenton est le château d'Alfort, consacré à l'établissement de l'école vétérinaire, fondée en 1766, sous le titre d'*École royale d'économie rurale*. Partie des élèves est aux frais du gouvernement; d'autres paient pension. La durée des études est de huit ans. Un troupeau de mérinos, pour le croisement des races et l'amélioration des laines, y est entretenu avec le plus grand soin. L'école possède un vaste amphithéâtre, un musée d'anatomie comparée des plus curieux, une clinique, et des infirmeries où l'on traite les animaux malades. De savants professeurs y donnent gratis leurs consultations. Depuis 1848, on a cessé de recevoir l'espèce canine dans cet établissement, sérieusement menacé d'être envahi par tous les roquets et bichons des vieilles dévotes de la capitale.

Alfort a une bonne auberge, la poste aux chevaux, et plusieurs cafés assez fréquentés. Entre Alfort et Maisons, près du confluent de la Marne et de la Seine, dans une très-forte position, s'élève le fort de Charenton, commandant la route d'Italie, et à quelque distance, sur la rive gauche de la Seine, le fort d'Ivry, pouvant défendre avec lui, par des feux croisés, le passage du fleuve.

ANCIENNES RÉSIDENCES ROYALES,
CHATEAUX, MAISONS DE PLAISANCE.

SAINT-CLOUD (SEINE-ET-OISE).

Sur la pente rapide d'une colline qui borde la rive gauche de la Seine, il existait, dans les premiers temps de la monarchie des Francs, un bourg nommé *Novigentum*, d'où l'on fit Nogent-sur-Seine, jusqu'au temps où Cléobald, fils de Clodomir, pour se soustraire au poignard de ses oncles, assassins de ses frères, vint s'y retirer et donna à ce lieu son nom qui, par corruption, se changea en celui de Saint-Cloud. Dans le cours des guerres religieuses du seizième siècle, ce fut à Saint-Cloud que le couteau de Jacques Clément éteignit la vie de Henri III, le dernier des Valois. C'est là qu'eut lieu en 1799 la révolution qui investit Bonaparte de l'autorité souveraine. Pendant dix ans on a dit : la cour de Saint-Cloud, comme on avait dit la cour de Versailles; mais un jour le vent de l'adversité souffla sur les lauriers du grand homme, et les cohortes du Nord vinrent les arracher jusque dans les jardins de Saint-Cloud. Napoléon, vainqueur de la Prusse, avait respecté les palais de ses rois; Blucher se plut à faire un bouge de Saint-Cloud. Parodiste affecté de Souvarow, le chef des Tartares couchait dans le lit de l'empereur, et livrait pour logement à ses chiens le boudoir de l'impératrice. Donnant lui-même à ses cosaques l'exemple du pillage de ces beaux lieux, il s'appropria les tableaux de la famille de Napoléon, et les remporta comme autant de trophées.

Après les Prussiens, les Bourbons, qui refirent de Saint-Cloud une maison de plaisance; Louis-Philippe l'adopta durant la belle saison. Les événements qui ont produit le renversement de la branche aînée et la dispersion de la dynastie de Juillet, sont trop récents pour les rappeler au souvenir du lecteur.

Dans son état actuel, dû aux architectes Mansard et Lepautre, le château, auquel on arrive après avoir traversé deux cours, dont la dernière seulement fermée par une grille, présente une façade principale et deux ailes qui s'en détachent en retour d'équerre. La vue est bornée sur trois points; mais vers l'est, elle s'étend sur toute la plaine de Paris. Le corps de logis principal est orné de quatre colonnes corinthiennes, surmontées de quatre statues : la Force, la Richesse, la Prudence et la Guerre. Les deux ailes ont dans des niches huit statues; à droite, la Jeunesse, la Musique, l'Éloquence, la *Bonne Chère*; à gauche, la Comédie, la Danse, la Paix, l'Abondance. Neuf appartements composent l'intérieur du palais.

Le parc et le bois, plantés par Le Nostre, occupent une surface d'environ quatre lieues, et doivent à l'inégalité du terrain les effets les plus pittoresques. De vastes bassins, une superbe cascade, des jets d'eau, une orangerie magnifique, des bosquets, des grottes, des réduits champêtres, des boulingrins charment et surprennent tour à tour la vue. Parmi les ouvrages d'architecture disséminés dans le parc,

on distingue la lanterne de Diogène, copie du monument de ce nom (ou plutôt de Démosthène), que M. Choiseul-Gouflier fit jadis modeler dans les ruines d'Athènes. De ce point, où aboutissent la plupart des avenues du parc, on jouit d'une perspective immense et variée.

C'est sous la voûte des grands marronniers plantés entre Saint-Cloud et Sèvres, que se tient particulièrement au mois de septembre une solennité foraine, qu'on désigne communément sous le nom de fête de Saint-Cloud, et qui est aussi productive pour les habitants du lieu qu'agréable pour les Parisiens, à présent surtout qu'une double ligne de chemin de fer touche à Saint-Cloud en se dirigeant vers Versailles. On passe la Seine à Saint-Cloud sur un beau pont en pierre, que les nécessités de la guerre avaient détérioré en 1815, et que depuis l'on a réparé. Mais l'on ne voit plus attachés à ses arches les fameux filets de Saint-Cloud qui n'ont jamais eu d'autre destination que celle de la pêche aux anguilles.

SÈVRES (SEINE-ET-OISE).

Sèvres, qui n'est séparé de Saint-Cloud que par le parc, figure dans nos vieilles annales du sixième siècle, mais l'origine de son nom est restée fort incertaine. En l'an 1507, il y existait un château là où l'on voit aujourd'hui une tannerie. Ce qui rend ce bourg remarquable, c'est sa fameuse manufacture de porcelaine, établie au dix-huitième siècle sous les auspices du fameux Lauraguais; dans cet établissement, qui complète nos musées de peinture et dont les produits surpassent ceux de la Chine et du Japon, on y voit, grâce à l'habile chimiste Brongniart, une magnifique collection de toutes les fabrications depuis les poteries les plus communes jusqu'aux porcelaines les plus recherchées; de brillantes faïences de B. Palissy, de riches Maidlica, d'antiques carreaux de l'Alhambra, de nombreuses poteries antiques fines et grossières, en partant de ce que l'art du potier a produit de plus simple jusqu'à ses productions les plus grandes et les plus parfaites. Enfin la manufacture de Sèvres a joint depuis plusieurs années à sa fabrication celle des vitraux peints, et toutes les expositions récentes ont fait voir les perfections qu'elle avait atteintes; des essais de peinture sur glace, déposés au Louvre en 1844, font espérer une prompte solution d'un problème difficile, et les productions du lavis et l'émaillage, ajoutant bientôt à l'ornementation des porcelaines de Sèvres, viendront leur donner plus de variété, plus d'éclat et plus de richesse.

Sèvres renferme des plâtrières qui rivalisent avec celles d'Argenteuil; d'anciennes carrières souterraines y forment aujourd'hui plusieurs vastes caves. L'une des plus étendues peut contenir 15,000 pièces de vin; elle se divise en trente parties, entre lesquelles se trouvent autant de rues désignées par des noms et des numéros. La plupart de ces rues aboutissent à un point central nommé *l'Etoile*.

Pour remplacer le vieux pont de bois jeté jadis sur la Seine à Sèvres et que le passage incessant des équipages de la cour de Versailles forçait continuellement à réparer, Napoléon fit construire en pierre celui qu'on voit aujourd'hui. A peine était-il terminé, lorsqu'en 1815 on en fit sauter une arche pour couper à l'ennemi le chemin de la capitale. Alors on se battit avec acharnement sur ce point et jusque dans le bourg, dont les habitants avaient pris les armes. Les Prussiens éprouvèrent une perte considérable; pour s'en venger, ils mirent Sèvres au pillage pendant deux jours. La manufacture seule fut respectée, et ses souterrains immenses servirent d'asile aux Français vaincus par le nombre seul de leurs adversaires. Ces désastres sont oubliés. Sèvres, chef-lieu de canton avec une population d'environ 5,000 âmes, entouré d'un grand nombre de belles maisons de campagne, est le centre d'une active industrie et le but de promenades agréables.

MEUDON.

Meudon est un gros village en deux parties, le haut et le bas Meudon ; le premier, séjour des plus salubres, le second, malheureureusement souvent visité par des fièvres intermittentes. L'ombre drolatique de Rabelais, ce curé si jovial dont le cardinal Jean du Bellay, évêque de Paris, avait fait présent à ses ouailles meudonnoises, semble planer encore sur le presbytère du lieu ; et l'humeur des ci-devant paroissiens de cet homme de génie semble encore se teindre parfois des couleurs enjouées de son esprit comique et malicieux. « Oncques, dit le célèbre pantagruélien, seigneurs de Meudon ne purent exercer le droit de prélibation ; si matin qu'ils s'y prissent c'était trop tard, il n'y avait que femmes et plus de filles, ce pourquoi il était dit, en manière de proverbe : « gens de Meudon, gens de précaution. » A Meudon, les mœurs furent un temps moins que villageoises ; l'exemple des prélats, des moines, des chanoines et des grands seigneurs qui s'abattaient sur ce pays les avait parfaitement corrompues. C'est à Meudon, où elle avait sa terre, que la duchesse d'Étampes, maîtresse de François Ier, tenait sa cour ouverte à tous les déportements. Ce manoir, agrandi d'un parc immense, reçut de nouveaux accroissements sous ses propriétaires successifs, le cardinal de Lorraine, le surintendant des finances Servien et M. de Louvois. Enfin le manoir de Meudon ayant été acquis pour le grand dauphin, fils de Louis XIV, il subit les plus brillantes transformations et devint un lieu incomparable de délices. A l'époque de la révolution, le théâtre des magnificences et des voluptés royales reçut tout à coup une autre destination; on en fit un arsenal d'essai pour l'expérimentation des nouvelles machines de guerre. Les citoyens de Meudon se portèrent avec tant d'ardeur aux travaux que nécessitait ce changement, que la Convention décréta qu'ils avaient bien mérité de la patrie. C'est là que fut confectionné par Conté, l'aérostat dont on se servit à la bataille de Fleurus et qui décida de la victoire. Depuis cette époque, le vieux château ne fut plus habité, et, peu d'années après, on ordonna sa démolition. Celui que l'on voit aujourd'hui est le château neuf, bâti sur l'emplacement de la fameuse grotte de Philibert de Lorme. Napoléon en fit un de ses palais impérial; Marie-Louise l'habita presque constamment depuis 1812. Le château de Meudon est dans une position superbe; on y arrive par une longue avenue, plantée de quatre rangs de tilleuls; du haut de la terrasse, longue de 200 mètres et large de 140, on découvre tout Paris et les environs. Le petit parc n'a pas moins de 600 arpents; le grand parc est d'une étendue scandaleuse. Non loin de là s'élève le château de Bellevue, volupteuse fantaisie de la Pompadour, pour laquelle Louis XV, son amant, prodigua des millions. De ce magique manoir, il ne reste plus aujourd'hui que quelques débris heureusement utilisés. Le jardin anglais a été respecté; ses fabriques pittoresques, la tour, la pièce d'eau, la maison des colonnes, la ferme ont été conservées. La place publique de Bellevue (place Guillaume) est un admirable belvéder; on y jouit d'un lointain immense tout parsemé de ravissants paysages. Bellevue est, sans contredit, le plus beau site des environs de la capitale. Là, se trouvent les plus élégantes maisons de campagne, de l'eau, des prés, des bois, des pelouses, des haies fleuries et surtout des chemins sans ornières et sans boue.

VERSAILLES (SEINE-ET-OISE).

C'est en 1037 que l'histoire fait mention pour la première fois d'un lieu devenu depuis si célèbre, mais les recherches qu'on a faites pour trouver l'origine du nom de Versailles n'ont pas été heureuses. La plupart des écrivains ont répété que ce nom lui venait de l'élévation du sol, qui faisait renverser les moissons. En 1560, l'un des ministres de Charles IX, Martial de Lomenie, héritier des fondateurs du prieuré de Versailles, en était le seigneur. Lomenie ayant été compris dans les proscriptions de la Saint-Barthélemy, Catherine de Médicis fit don de sa seigneurie à Albert de Gondy, maréchal de Retz, son favori. Non loin de ce château des Gondy, qui s'élevait sur le penchant de la butte, en face des hauteurs de Satory, Louis XIII fit construire en 1625 un petit pavillon pour servir de rendez-vous de chasse ; mais, bientôt dégoûté de son insuffisance, il acquit, en 1627, de Jean de Soissy, seigneur de Versailles, un terrain où il éleva un *chétif château*, ainsi que l'appelait Bassompierre. Il était formé de quatre pavillons liés ensemble par des corps de bâtimens simples. Celui où se trouvait l'entrée, donnant sur une cour carrée, ne consistait qu'en arcades surmontées d'une galerie en terrasse et était orné d'un frontispice. Quelques moyens de défense régnaient autour de cette demeure assez peu royale, et la mettaient à l'abri d'un coup de main. Louis XIII venait quelquefois se réfugier dans cette retraite comme pour secouer un moment le joug inévitable que la faiblesse de son caractère le forçait à supporter : c'est ce qui en fit le théâtre du dénoûment inattendu de la fameuse *Journée des Dupes*. Jusqu'à la mort de Mazarin, la cour s'était fixée tour à tour à Paris, à Vincennes, à Fontainebleau ou à Saint-Germain ; mais Louis XIV voulant signaler son règne par la construction d'une demeure qui attestât réellement tout l'orgueil de la majesté royale, il tourna ses regards vers Versailles, dont la situation paraissait à certains égards favorable à ses vues. Les travaux commencèrent en 1661, sous les ordres de l'architecte Mansard ; il fallut surmonter bien des obstacles de tous genres et dompter la nature à force d'art et de prodigalités, et bientôt, moyennant un milliard de dépenses, le vieux château fut en quelque sorte enfermé dans un nouveau plus élégant. En 1672, les constructions principales étant terminées, le roi y passa les vingt-huit dernières années de sa vie.

Versailles, presque abandonné pendant la régence, ne reprit sa première splendeur que lorsque Louis XV vint s'y fixer. Sous ce règne le château ne subit aucun changement considérable, mais la ville continua à s'accroître. On sait les graves événements qui, sous Louis XVI, préparèrent la révolution française, et qui eurent d'abord Versailles pour théâtre. Le départ du roi pour Paris lui fit perdre toute son importance, et le château alors fermé ne se rouvrit plus que par la main de Napoléon. Toutefois l'empereur ne vint point l'habiter. En 1815, les habitants de Versailles prirent une part active aux derniers combats livrés pour l'indépendance nationale dans le bois de Rocquencourt, et payèrent par le pillage de leur ville la défaite des Prussiens. Versailles fut negligé par les derniers Bourbons jusqu'au temps où Louis-Philippe fit de son magnifique palais un musée pour toutes les gloires de la France.

Le château de Versailles présente, du côté de la grande
avenue de Paris et de la Place d'Armes, une de ses façades,
l'autre se déploie sur le parc. La première est composée de
l'ancien château de Louis XIII et de pavillons construits à
différentes époques. Deux ailes en pierre et en brique,
comme la construction primitive, embrassent une cour
vaste, mais irrégulière; l'architecture de ce côté est bizarre,
tourmentée, et ne répond nullement au style et à la beauté
de la façade qui domine les jardins et le parc. La grille de
fer qui sépare la cour de la Place d'Armes est enrichie
d'enroulements, de montants, de pilastres et de couronne-
ments dorés. Deux guérites servent de piédestaux à deux
groupes allégoriques sur les victoires de la France en
Allemagne et en Espagne. On voit, au centre de la cour,
la statue équestre de Louis XIV. A gauche en entrant, sont
les statues en pied de Condé, de Duquesne, de Suffren, de
Mortier, de Lannes, de Suger, de Sully et de Duguesclin;
à droite celles de Turenne, de Duguay-Trouin, de Tourville,
de Masséna, de Jourdan, de Richelieu, de Colbert et de
Bayard. L'élévation progressive du sol, l'écartement gra-
duel des ailes en retour, qui descendent à angles droits sur
une suite de ressauts, donnent néanmoins à ce côté des

bâtiments un aspect théâtral. Leur disposition est telle qu'elle forme une succession de cours qui vont en s'élevant progressivement, quoique décroissant d'étendue; la plus reculée, élevée de trois marches, se nomme la cour de marbre, à cause des dalles qui la pavent; c'est celle du petit château de Louis XIII. La façade des jardins se développe sur une étendue de 590 mètres, et se présente dignement à l'admiration; elle est composée de trois corps, celui du milieu s'avance de 80 mètres, et a 100 mètres de face. L'ordre général est un rez-de-chaussée, un premier étage et un attique décorés de pilastres ioniques avec quinze avant-corps soutenus par des colonnes du même ordre. Cette façade est décorée de 80 statues de 15 pieds de haut, représentant les *saisons*, les *mois*, les *sciences* et les *arts*, etc. Quatre statues de bronze, adossées au corps central et fondues d'après l'antique, représentent Silène, Antinoüs, Apollon et Bacchus. La balustrade qui couronne l'édifice est entrecoupée par des massifs qui correspondent à l'ordonnance inférieure.

LE CORPS CENTRAL RENFERME,
AU REZ-DE-CHAUSSÉE.

1. Un vestibule de bustes et statues, placé au pied de l'escalier de marbre.

2. Quatre salles consacrées aux résidences royales.

3. La salle des portraits des rois de France.

4. Deux salles contenant les tableaux-plans de plusieurs vues prises sous les règnes de Louis XIII et Louis XIV.

5. Deux salles où sont placées les batailles navales.

6. Les portraits des grands-amiraux classés par ordre de promotion.

7. Les portraits des connétables de France rangés dans le même ordre.

8. Les portraits des maréchaux de France.

(Nota. — La série des salles consacrées aux portraits des maréchaux de France est interrompue par la *galerie de Louis XIII*, après laquelle la suite des portraits des maréchaux recommence.)

9. Deux salles où sont placés les portraits des guerriers célèbres.

1. En partant du salon d'Hercule, qui touche au vestibule de la chapelle, se succèdent sept salons ayant vue sur la pièce d'eau du Dragon, et portant les noms de l'Abondance, de Vénus, de Diane, de Mars, de Mercure, d'Apollon, de la Guerre. Dans cette longue enfilade, qui formait autrefois les grands-appartements de Louis XIV, est distribuée une partie des tableaux représentant les événements de son règne; la suite en est interrompue par la galerie qui porte le nom de ce prince, et qui donne sur la terrasse du grand parterre. Cinq autres salons donnant sur la pièce d'eau des Suisses, et qui portaient autrefois les noms de salon de la Paix, chambre et salon de la Reine, salon du Grand-Couvert, salle des Gardes de la Reine, complètent l'ensemble des événements du règne de Louis XIV, en y ajoutant cependant encore quelques tableaux répartis dans les deux salles des Gardes-du-Corps et des Valets-de-Pied, ou placés dans d'autres séries.

2. Au haut de l'escalier de marbre s'ouvre la grande salle des Gardes, aujourd'hui salle de Napoléon.

3. La salle de 1792, qui touche à l'aile du Sud.

4. Quatre salles consacrées aux tableaux des campagnes de 1793, 94, 95 et 96.

5. Une suite de pièces où sont placées les gouaches et aquarelles qui représentent les campagnes des armées françaises depuis 1796 jusqu'à 1813.

6. Les petits appartements de la reine.

7. L'Œil-de-Bœuf, la chambre de Louis XIV, son cabinet et tout le reste de l'appartement royal; en outre, la Bibliothèque, le salon des Porcelaines, la salle de Billard, etc.

8. Le cabinet des gouaches du règne de Louis XV.

9. La salle des Croisades.

10. La salle des États Généraux.

L'AILE DU SUD COMPREND,

AU REZ-DE-CHAUSSEE.

1. Douze salles consacrées au souvenir de Napoléon, et renfermant les tableaux qui représentent les batailles et les principaux événements politiques depuis 1796 jusqu'en 1810.

2. Une salle de statues et bustes de Napoléon et de sa famille.

3. La salle de Marengo.

4. Une galerie de statues et bustes depuis 1789 jusqu'en 1814.

AU PREMIER ÉTAGE.

1. La grande galerie des Batailles, depuis Tolbiac jusqu'à Wagram.

2. La salle de 1830.

3. Une galerie de sculptures depuis le seizième siècle jusqu'à 1789.

AU DEUXIÈME ÉTAGE.

Une collection de portraits historiques, depuis 1789 jusqu'à nos jours.

L'AILE DU NORD COMPREND,

AU REZ-DE-CHAUSSÉE.

1. Une série de tableaux représentant les événements les plus remarquables de notre histoire, depuis l'origine de la monarchie jusqu'au règne de Louis XVI inclusivement.

2. Une galerie de statues, bustes et tombeaux.

AU PREMIER ÉTAGE.

1. La suite des tableaux historiques du rez-de-chaussée, depuis le commencement de la révolution jusqu'à Louis-Philippe Ier.

2. Une galerie de statues, bustes et tombeaux.

AU DEUXIÈME ÉTAGE.

Une galerie de portraits historiques antérieurs à 1790.

A droite de la cour du château est la chapelle, dernier ouvrage de Mansard et qui n'a été terminé qu'après sa mort. Elle n'est pas sans défaut, surtout à l'extérieur, cependant son architecture est généralement noble et élégante; le vestibule, soutenu par huit colonnes, forme une des entrées du jardin. Du même côté et à l'extrémité de la galerie est la salle de l'Opéra qui fut une des plus magnifiques de l'Europe : elle pouvait contenir 5,000 spectateurs (1).

Les parcs du château se divisent en grand et en petit parc, qui, réunis, font une circonférence de 20 lieues de circuit. Dans le *grand Parc* se trouvent plusieurs villages. Le *petit Parc*, ie seul dont nous parlerons, renferme les jardins plantés par Le Nostre, les bosquets, les pièces d'eau, etc. C'est là que ce grand artiste a épuisé toutes les ressources de son talent et qu'il a porté à la perfection le style des jardins français. — Ce parc est situé à l'ouest du château ; son plan est un pentagone irrégulier, d'environ 4750 mètres dans sa plus grande longueur et de 5,200 mètres de largeur. Les arbres plantés par Louis XIV furent renouvelés en 1775, à cause de leur vétusté, et la nouvelle plantation fut dirigée par Lemoine, qui, en conservant les grandes et belles dispositions de Le Nostre, crut devoir supprimer plusieurs bosquets, y substituer des salles en quinconces, et en simplifier plusieurs autres. — Le jardin a plusieurs entrées ; les principales sont par les arcades latérales du château. — Lorsque les grandes eaux jouent, il présente un coup d'œil ravissant : si l'on se place au milieu de la terrasse dite le *Parterre d'eau*, on découvre, en face, le *Bassin de Latone*, l'allée du *Tapis-Vert*, le bassin d'*Apollon* et le *canal*; à droite, le *parterre du Nord*, la *Fontaine de la Pyramide*, la *Cascade*, l'*Allée d'Eau*, la *Fontaine du Dragon* et le *bassin de Neptune*; à gauche, le *Parterre des Fleurs*, l'*Orangerie* et la *Pièce d'eau des Suisses*. Les ornements du jardin et des bosquets consistent en groupes, statues antiques et modernes, termes, vases, bassins et fontaines; le tout en marbre, en bronze, en plomb bronzé ou doré. Les principaux bosquets sont ceux du *Rocher* ou des *Bains*

(1) Forcés de nous renfermer dans quelques pages, nous renvoyons pour de plus amples détails aux descriptions spéciales qui seules peuvent les donner.

d'Apollon, de la *Colonnade*, des *Dômes*, des *Trois Fontaines*, de l'*Arc-de-Triomphe*, etc.

Les eaux de Versailles, quoique bien déchues de leur
antique splendeur, sont néanmoins encore assez riches pour
mériter le nom d'incomparables, qui leur fut donné par les
détracteurs mêmes; « mais beaucoup les méprisent, parce
qu'elles sont abandonnées à la foule bourgeoise, parce
qu'elles sont devenues de banales réjouissances, semblables
aux feux d'artifice et aux divertissements des Champs-
Elysées. Cependant, mieux encore que le grand roi, le peuple peut dire : Versailles, c'est moi; car c'est moi qui l'ai
payé, c'est moi qui l'ai bâti. — Et puis, le sang des gardes-
du-corps de la reine, qui rougit encore une des corniches
du château, n'atteste-t-il pas que le peuple, après avoir
payé de son argent et construit de ses bras le royal Versailles,
y est entré un jour en conquérant, en maître, disant : »

> C'est pour me divertir que les nymphes sont faites,
> C'est pour moi dans ce bois que de savantes mains
> Ont mêlé les dieux grecs et les Césars romains....

Dans ces jardins du Versailles de Louis XIV, sous ces im-
pudiques charmilles où madame de Montespan et ses com-
pagnes vinrent prendre leurs ébats, où Louis XV donna
rendez-vous plus d'une fois à ses maîtresses, on trouve un
vieux bloc de marbre ignoré de la foule; c'est une jeune
femme attachée sur un bûcher; son corps sera bientôt réduit en cendres, mais sa gloire ne périra qu'avec le nom
français. Là elle fut témoin des amours de Louis XIV, et ni
le roi ni ses maîtresses ne songeaient à se détourner de
cette vierge qui brûle au bûcher pour avoir fait sacrer un
roi de France à Reims! Le peuple de 91, quand il entra à
Versailles, brisant tout sur son passage, et demandant à
grands cris qu'on lui donnât le roi et la reine de France
pour les ramener à Paris, et pour les conduire de là à l'é-
chafaud, ce peuple respecta le vieux marbre, parce que
c'est une gloire nationale : c'est Jeanne d'Arc.

GRAND ET PETIT TRIANON

Lorsque Louis XIV eut construit Versailles, il acheta la
terre de Trianon pour l'enclore dans son grand parc; le village qui s'y trouvait, et qui, au douzième siècle, portait le
nom de *Triarnum*, disparut et fut remplacé par un château
de fantaisie; c'est le grand Trianon, construit par Mansard
dans le genre italien; cet édifice, en marbre du Languedoc
et de Campan, n'a qu'un rez-de-chaussée et consiste en un
corps de logis principal avec deux ailes en retour, formant
pavillons, et réunis par un beau péristyle orné de colonnes
ioniques. L'une des deux ailes, bâtie après coup, est en
pierres de taille ordinaires. Les appartements sont décorés
de glaces et contiennent quelques tableaux de nos grands
maîtres. Les jardins, qui avaient été plantés par Le Nostre,
furent distribués de nouveau en 1776, et renferment plusieurs belles statues.

Le château de Trianon porte le caractère de grandeur
qui distingue ce qui appartient à l'époque où il fut élevé.
Il rappelle le faste de Louis XIV; tout y avait été mesuré
sur la taille du maître; tout se trouva hors de proportion
pour son héritier.

PETIT TRIANON.

Voisin du grand Trianon, ce palais s'est formé par des accroissements successifs, et porte le cachet de diverses époques. Le bâtiment consiste en un corps de logis principal ou pavillon carré qui a 20 mètres sur chaque face. Il est composé d'un rez de-chaussée et d'un premier étage. Les jardins réunissent les agréments de la variété au charme d'une ingénieuse composition. On y trouve de belles eaux, une île au milieu de laquelle s'élève le Temple de l'Amour; le belvédère, de forme octogone; le rocher artificiel des cavités duquel sort un ruisseau qui se jette dans un petit lac; une caverne traverse le rocher dont on franchit les inégalités sur plusieurs ponts élégants. D'autres ponts sont jetés sur un ruisseau qui va se perdre dans un autre lac plus grand, et sur les bords duquel existe un hameau de style rustique, et la tour de Malborough qui domine le paysage. Des collines, des terres cultivées, des groupes d'arbres exotiques et indigènes, tout présente dans ces beaux lieux le tableau riant de la nature avec les grâces d'un beau désordre.

Nous ne parlerons pas ici des aventures galantes dont l'un et l'autre Trianon furent le théâtre; il suffit de dire que l'un fut destiné aux plaisirs de Louis XIV, l'autre à ceux de son successeur qui y trépassa le 10 mai 1774, las de la couronne, de la vie et de lui-même. Louis XVI donna la jouissance du petit Trianon à Marie-Antoinette, qui en embellit beaucoup le parc et y créa un jardin anglais. Les deux Trianon eurent le même sort pendant la révolution : ils furent dévastés, restèrent longtemps déserts, et ne commencèrent à être restaurés que dans les premières années du règne de Napoléon. Le grand Trianon reçut une bibliothèque choisie par l'empereur qui allait souvent la visiter. Le petit fut, après son second mariage, affecté particulièrement à Marie-Louise. C'est là qu'eut lieu, en 1814, son entrevue avec l'empereur d'Autriche, son père, et que fut déterminé son départ pour Vienne.

MARLY (SEINE-ET-OISE).

Le village de Marly-le-Roi est situé sur la pente d'une montagne sur la rive gauche de la Seine, à une lieue et demie de Versailles. Louis XIV s'y plaisait tellement, qu'il résolut d'y établir une résidence royale, et bientôt on vit s'élever dans un vallon étroit, profond, à bords escarpés, inaccessible par ses marécages, sans aucune issue, un magnifique château qui coûta des sommes immenses en bâtiments, en jardins, en eaux, en aqueducs, et, enfin, en ce qui fut si curieux, sous le nom de machine de Marly.

C'est surtout par ses jardins que Marly acquit une réputation prodigieuse. Une chose, entre autres, faisait l'admiration de tous les visiteurs : en face du château, du côté de la montagne, était une place appelée *Amphithéâtre*, occupée par un grand bassin, l'une des plus belles pièces d'eau du château; c'était proprement dit une rivière qui, en tombant de fort haut sur 63 degrés de marbre, formait des nappes d'eau d'une beauté que rien n'égalait en ce genre.

Il ne reste plus aujourd'hui du château que des ruines et une de ses dépendances qu'on appelait le Cheual, et qui forme une des jolies maisons de campagne, en assez grand

nombre dans ces parages. On voit encore les vestiges de
l'ancienne machine hydraulique qui élevait les eaux de la
Seine à 600 pieds , pour que de là elles fussent amenées
dans les réservoirs qui alimentaient Marly ainsi que les fontaines et jets de Versailles, au moyen de l'aqueduc de Marly
ou de Luciennes.

Tout ingénieuse qu'était cette machine, depuis longtemps
on s'apercevait que son produit diminuait au point de faire
craindre son anéantissement, et les dépenses onéreuses
que nécessitait son entretien faisaient désirer un nouveau mécanisme plus simple, ou au moins la rectification
des défauts qui s'y annonçaient trop sensiblement. Après
divers essais infructueux, on adopta en 1812 le système des
pompes à feu, et déjà l'on s'occupait activement de son exécution, lorsque les invasions successives des étrangers y
mirent un empêchement momentané. Enfin, les travaux
ont été repris, et depuis longtemps une pompe à feu, au
moyen de deux tuyaux en fonte posés sur un glacis, bordé
de gazon et ombragé par un double rang de peupliers, élève
les eaux, qui sont ensuite conduites par l'aqueduc, ouvrage
digne des Romains par sa construction, simple, solide et
majestueux; il a 330 toises de longueur, et 36 arcades en
plein cintre : les plus élevées ont jusqu'à 75 pieds sous clef.

LA MALMAISON (SEINE-ET-OISE).

La Malmaison, en 1244, ne consistait qu'en une grange fortifiée, reste d'un repaire où, un siècle plus tôt, un chef normand s'était établi pour exercer ses rapines sur les voyageurs et prélever un tribut d'un autre genre sur les femmes et les filles de la contrée. De là était venu à ce lieu le nom de *mala domus*, mauvaise maison, qui n'est guère en harmonie avec ce qu'il fut plus tard, c'est-à-dire un des plus agréables séjours des environs de Paris. Delille, à même d'apprécier tous les agréments qu'il offrait déjà avant la révolution, en a fait un éloge pompeux et mérité. La Malmaison fut achetée par la veuve de Beauharnais. Devenue impératrice, Joséphine affectionnait cette résidence, l'embellit avec soin et y passait tout le temps qu'elle pouvait dérober aux grandeurs. Un jardin botanique, une ménagerie et une école d'agriculture y apparurent sous son patronage; des fêtes brillantes y furent données, et les populations d'alentour, comblées des bienfaits de la maîtresse de céans, lui vouèrent une reconnaissance qui survécut à l'éclat de sa prospérité. Que reste-t-il de tant de splendeurs? quelques souvenirs historiques et l'ancien parc du château.

Joséphine, rentrée dans une condition privée, se retira dans sa demeure favorite et y mourut peu de temps après la visite qu'elle reçut de l'empereur Alexandre. Un an plus tard, après le désastre de Waterloo, Napoléon, en butte à toutes les haines qui éclataient contre lui dans l'assemblée des représentants, vint poser son pied fugitif dans ce gracieux palais de ses premières années de gloire. Il parut alors retrouver son énergie et nourrir l'espoir de résister aux mille intrigues qui s'acharnaient à lui faire briser son épée. Mais bientôt, délaissé de ceux-là même qui tenaient le plus près à sa personne, traqué par les colonnes de Blucher qui le serraient de près, il se résolut, après quatre jours de résidence, à partir pour Rochefort, de Rochefort pour l'Angleterre et de l'Anglerre pour... Sainte-Hélène. S'il eût différé seulement de deux heures, sa fuite n'était plus possible et le péril était plus grand qu'on ne le croyait, car on n'en voulait pas seulement à sa liberté, mais à sa vie. « Si je peux l'attraper, avait dit Blucher dans son grossier langage, je le ferai pendre à la tête de mes colonnes. » Quelques jours plus tard, la Malmaison était ravagée et pillée par les troupes anglaises et prussiennes. Après ce triste événement, elle devint la propriété du prince de Beauharnais, pour passer de mains en mains à la reine Marie-Christine d'Espagne, qui l'a habitée en 1843 et 1844. Ce n'est pas dans la demeure de cette étrangère que l'on peut reconnaître la demeure de Bonaparte et de Joséphine; c'est dans les caveaux de l'église de Rueil que se trouve aujourd'hui tout ce qui reste de la maison impériale. La Malmaison fait partie de la commune de Rueil, à trois lieues de Paris.

SAINT-GERMAIN (SEINE-ET-OISE).

Saint-Germain et son château sont situés sur une mon
tagne au pied de laquelle coule la Seine, à 5 lieues à l'ouest
de Paris et à 5 lieues au nord de Versailles. Au temps du
roi Robert (onzième siècle), la fondation du monastère de
Saint-Germain dans l'antique forêt de Léda (par corruption
Léia, en français Laye), qu'enveloppe le cours du fleuve,
fut suivie de l'établissement d'un château autour duquel se
forma successivement une agglomération d'habitations.
Telle fut l'origine de la ville de Saint-Germain, l'une des
moins anciennes de la France, séjour favori de plusieurs de
ses rois, depuis Louis-le-Gros jusqu'à Henri IV, qui surtout
y était le bien-venu. Plus d'un de ces rois naquit à Saint-
Germain, et parmi eux Louis-le-Grand. Les rois et l'histoire semblent être là comme dans leur maison des champs,
et, tout peuplé de souvenirs monarchiques, Saint-Germain,
pendant la révolution, prit si peu la peine de cacher son
opinion, que la ville fut déclarée plusieurs fois en insurrection, bien différente en cela de celle de Versailles, sa
voisine; qui, plus à même de connaître la vie privée des
Bourbons, fut la première à se déclarer contre eux et à em-

brasser tous les principes qui devaient renverser leur trône.

En 1356, le château de Saint-Germain fut ainsi que la ville brûlé par Edouard III. Réédifié par Charles V, pris de nouveau par les Anglais alliés d'Isabeau de Bavière et racheté à prix d'argent par Charles VII, Louis XI en fit don à son médecin Coictier ; mais un arrêt du parlement, à la mort du roi, cassa la donation et rendit à la couronne la propriété aliénée.

La demeure royale, que l'on voit aujourd'hui dans un état de ruine pire que l'abandon, a été construite par François Ier. Tous les arts, appelés alors en France, concoururent à son ornement. La salamandre, qui grimpe partout, apparaît encore sur les murailles, ainsi que les deux *F. F.* entrelacés et surmontés de la couronne royale. Immense espace, longues fenêtres, toits à perte de vue, bordés de cette haute plate-forme, vaste plaine apportée sur la montagne, d'où l'œil étonné découvre un horizon immense. Henri IV, pour complaire à la belle Gabrielle, fit bâtir sur la croupe de la colline une nouvelle et belle habitation dont les jardins s'étendaient, soutenus par des terrasses, jusqu'à la rivière. Le pavillon de Gabrielle disparut, et le vieux château fut embelli par Louis XIII. Louis XIV ne voulant pas se contenter de la maison de son père l'augmenta de cinq gros pavillons flanquant les encoignures. Mais bientôt l'âme du grand roi, si petit devant la mort, fut épouvantée par la vue continuelle des clochers de Saint-Denis qu'on aperçoit de Saint-Germain et qui devait être sa dernière demeure, et la magnifique situation de Saint-Germain fut abandonnée pour la plaine sauvage de Versailles.

A Louis XIV succéda dans le château de Saint-Germain sa maîtresse délaissée La Vallière, puis un roi d'Angleterre Jacques II, qui, deux fois précipité du trône, vint cacher en France sa honte et ses souvenirs.

Cet ancien palais est aujourd'hui devenu une maison de correction militaire. C'est ce que vous annoncent ces grilles, ces verroux, ces murs qui s'ajoutent à la profondeur des fossés. En pénétrant dans cette *maison de rachat*, on ne voit que des corps jeunes et robustes, apprenant à faire un emploi intelligent de leurs forces, des cœurs qui s'émeuvent à tous les nobles sentiments et qui travaillent à se réhabiliter assez pour être encore dignes de porter l'uniforme. Cette institution, qui, jusqu'à présent, a donné les plus heureux résultats, fut d'abord appliquée à l'armée, en 1832, dans les bâtiments de l'ancien collége Montaigu à Paris, mais ce local étant devenu trop étroit pour le nombre des détenus, le pénitencier militaire fut transféré, en 1836, à Saint-Germain. Les vastes appartements, les galeries avaient été distribués en rangées de cellules ordinaires, où chaque prisonnier se retire le soir. Les celliers avaient fait place à des cellules ténébreuses où sont renfermés ceux qui ne se soumettent pas à l'ordre de la maison. L'immense hauteur des salles d'armes, des salles de gala, fut coupée en plusieurs étages d'ateliers, et le château royal put recevoir cinq cents prisonniers.

La terrasse de Saint-Germain a 1,200 toises de long sur 15 toises de large. On y jouit d'une perspective aussi imposante par son étendue que par sa variété; d'un côté, la forêt l'ombrage dans toute son étendue; de l'autre, le bois de Vésinet qu'on voit presque comme dans un plan, la Seine et les campagnes qu'elle arrose, des châteaux, des villages et des villes se dessinent dans un horizon qui n'a de limites que celles de la vue humaine. La forêt, qui n'a guère moins de 8,600 arpents, est coupée de routes magnifiques ou de sentiers commodes, à l'angle desquels sont placés de distance en distance des poteaux indicateurs. On ne voit pas sans effroi, dans une solitude aussi imposante, des croix de pierre élevées en mémoire de certains événements de lugubre mémoire. Le sol sablonneux y produit des arbres d'une extrême grosseur et permet en tout temps de chasser les nombreux cerfs, daims, chevreuils et sangliers que des murs de clôture tiennent enfermés. Le parc, qui joint le château et qui fait partie de la forêt, est remarquable par la beauté et l'ancienneté de ses plantations. La Muette, pavillon bâti par François Ier et qui servait de rendez-vous de chasse, est située au centre de huit routes. La maison des loges, célèbre par la foire qui s'y tient régulièrement chaque année le premier dimanche de septembre, est aussi placée dans la forêt à l'extrémité de la grande route qui est en face du vieux château. De Paris et de tous les villages des alentours, on vient à cette fête avec tout l'empressement que donne l'espoir du plaisir. La fête de Saint-Louis, qui précède celle des Loges, est un diminutif de la première. Elle offre en miniature une joie non moins vive et un attrait non moins puissant.

Autrefois, pour aller de Paris à Saint-Germain, il fallait gravir des montagnes et passer des rivières. Depuis l'établissement du chemin de fer, la montagne s'ouvre d'elle-même pour vous faire passage ; le fleuve, vous le passez à pied sec, et à peine êtes-vous parti que vous voilà déjà tout d'un coup étendu sur le gazon, en vous disant : Déjà ! Cependant, dans les premiers temps de cette magnifique invention, les promeneurs, parvenus au Pecq, devaient monter avec fatigue la terrasse, mais depuis l'établissement du chemin atmosphérique, on aborde de plein pied au centre de Saint-Germain, 45 minutes après avoir quitté Paris. Le chemin de fer de Saint-Germain correspond à Asnière avec celui de Versailles et dessert Colombe, Nanterre, Rueil, Chatou. De Saint-Germain des omnibus conduisent les voyageurs à Poissy.

POISSY (SEINE-ET-OISE).

Poissy, situé sur la grande route de Paris à Caen, occupe une charmante position entre la Seine et l'une des extrémités de la forêt de Saint-Germain. Son premier nom, *Piseiacum*, a fait croire qu'il devait son origine à un établissment de pêcheurs. Dès l'an 868, sous Charles-le-Chauve, cette ville fut le siège d'une assemblée générale des grands et des prélats du royaume. Il paraît qu'un château y fut établi, et qu'avant la fondation de ceux de Saint-Germain et de Fontainebleau, on y élevait les enfants de France. Saint Louis y reçut le jour, le 24 avril 1215, ou, suivant une autre opinion, y fut seulement baptisé; aussi conserva-t-il toujours une prédilection pour ce lieu, et, quand il voulait signer son nom sans énoncer son titre de roi, il se qualifiait de seigneur de Poissy. Philippe-le-Bel fonda à Poissy, au treizième siècle, un couvent de femmes et fit construire une église, regardée aujourd'hui comme un véritable chef-d'œuvre d'architecture gothique; il y manque toutefois un portail. Dans l'une des chapelles de la nef, on montre les fonts sur lesquels on prétend que saint Louis fut baptisé;

les vitraux de cette chapelle représentent l'accouchement de la reine Blanche. Au bas est le quatrain suivant :

Saint Louis fut un enfant à Poissy,
Et baptisé en la présente église ;
Les fonts en sont gardés encore ici,
Et honorés comme relique exquise.

En effet, sans faire autorité, la tradition du pays est que cette église fut bâtie sur l'emplacement du château qu'habitait cette reine, et que son lit était placé à l'endroit même où s'élève le maître-autel. Philippe-le-Bel ne vit point l'église achever, mais il voulut qu'après sa mort son cœur y fût déposé. Depuis quelques années des restaurations sont commencées pour conserver aux amis de nos vieux monuments nationaux cet édifice, ruiné par le temps.

C'est à Poissy que se tint, en 1561 et en présence de Charles IX, le fameux *colloque* entre les prélats catholiques et les ministres calvinistes. Mais aujourd'hui cette ville n'est plus connue du public que par son marché de bestiaux, et des malfaiteurs que comme un lieu de détention. Triste retour des choses d'ici-bas! Nous devons cependant mentionner un établissement industriel qui, depuis quelques années, contribue à répandre l'aisance dans la localité. C'est une imprimerie considérable qui, sous une direction intelligente, rivalise avec les premières typographies de la capitale, et offre de plus l'avantage du bon marché.

Les départs de Paris pour Poissy, soit par le chemin de fer de Rouen, soit par celui de Saint-Germain, qui se continue depuis là en omnibus, se succèdent de demi-heure en demi-heure. Le marché de bestiaux se tient tous les jeudis.

ROSNY (SEINE-ET-OISE).

A deux lieues de Mantes, sur la rive gauche de la Seine, on voit, dans une des deux îles formées par le fleuve, le village de Rosny, et dans l'autre, beaucoup plus grande, un château avec un parc fort étendu. Sa construction en briques et les colonnes qui en décorent l'entrée semblent fixer l'époque de son érection au seizième siècle. Il est vaste, solidement bâti, entouré de fossés larges et profonds, et la Seine qui borde ses dépendances ajoute à la beauté des lieux. C'est dans ce vieux manoir que naquit le célèbre ministre Sully. En 1610, il le faisait rebâtir, lorsqu'il apprit la mort de Henri IV. Pénétré de douleur à cette nouvelle : — « Je n'achèverai point, dit-il, ce château; je veux qu'il porte le deuil de la perte que la France vient de faire d'un si grand roi, et moi, en particulier, d'un si bon maître. » Deux cents ans plus tard, le domaine de Rosny devenait la propriété de la duchesse de Berri, qui se plut à l'embellir. Le bien que la princesse répandit dans la contrée ne put la préserver du malheur. On sait la catastrophe du duc de Berri assassiné par Louvel. Cet homme ne voulait pas, comme Sully, des

Bourbons pour maîtres. Leur retour, en 1814, lui semblait pour la France l'inauguration de l'humiliation et le rétablissement du despotisme, et il ne versait leur sang que par patriotisme. Cette opinion était alors la vérité comme la sentait le peuple qui ne comprenait pas encore qu'avec nos mœurs et dans un état de civilisation avancée, l'assassinat politique ne trouve sa justification ni dans le dévouement ni dans les motifs qui le font consommer. L'attentat Louvel fut un anachronisme, et tout anachronisme de ce genre sera d'autant plus répréhensible que la société s'habituera plus à prendre en horreur la peine de mort et à attendre son salut d'un progrès irrésistible et pacifique. Louvel ne fut ni plaint ni maudit par le peuple, qui ne pouvait voir en lui ni un scélérat ni une victime. Le duc de Berri était d'ailleurs un homme fort peu regrettable, quoique M. de Chateaubriand, dans son grand style, ait prétendu faire de lui un héros chrétien, un prince loyal, bon et généreux. Sa veuve fonda dans le village de Rosny un hospice sous l'invocation de saint Charles Borromée, patron du prince. Son cœur et les vêtements arrosés de son sang furent enfermés dans le piédestal de la statue en marbre de saint Charles, élevée dans la chapelle de l'hospice.

Le village de Rosny, dont l'histoire se résume dans les seuls faits que nous venons de rapporter, compte à présent 600 habitants, et possède de jolies maisons de campagne et quelques établissements industriels.

VIGNY (SEINE-ET-OISE).

Vigny, village peu considérable à quatre lieues de Pontoise, contenait anciennement une maladrerie ainsi qu'une chapelle de la Vierge, appelée le *Bordeau de Vigny*, nom que, dans les registres de l'archevêché de Rouen de 1554, on a traduit par ces mots : *Capella lupanaris de Vigneio*; ce qui donne un sens assez singulier; car on sait que le mot *lupanar* désigne un lieu de prostitution. Le mot *bordeau* désigne à la fois *ferme, petite maison* et *lieu de débauche*, et sa traduction latine par *lupanar* dissipe ici les incertitudes.

Vigny avait aussi et conserve encore un beau château bâti par le cardinal d'Amboise; ce château appartenait avant la révolution au prince de Soubise; il fut vendu en 1822 par la famille de Bohan, et les nouveaux propriétaires, Decher et Lefevre, l'ont fait réparer avec beaucoup de soins, en conservant son style gothique, c'est-à-dire les lourdes tours, les hautes murailles incapables de résister à l'artillerie nouvelle, mais pouvent encore mettre une place à l'abri d'un coup de main. A l'époque de sa fondation, les châteaux commençaient à avoir des fenêtres; l'air et la lumière y pénétrèrent en même temps que la civilisation, et de nombreux ornements d'architecture vinrent adoucir la lugubre physionomie de ces édifices.

ASNIÈRES (SEINE).

Le village d'Asnières, sur la rive gauche de la Seine, suivant l'étymologie qu'on en a donnée : *Asinariæ, agregibus Asinorum dictâ*, paraîtrait avoir autrefois nourri beaucoup d'ânes. Le nom d'Asnières, de tout temps, a fait le désespoir de ses habitants. Aussi, dès l'an 1700, l'un d'eux, docteur de Sorbonne, fit-il d'inutiles efforts pour le changer. Pareille tentative fut renouvelée en 1745 par un célèbre médecin du lieu ; enfin, en 1817, un magistrat, né dans l'endroit, fit de nouvelles démarches dans le même but, mais toujours sans succès. Cependant, il y eut de fort belles maisons de campagne construites dans ce village, et aujourd'hui il est devenu l'oasis du canotier parisien ; qu'il soit simple matelot ou qu'il ait justifié par son audace, par sa vigueur, par son sang-froid dans les dangers, son grade de chef d'équipe, il lance sa barque dans la direction d'Asnières. Ce petit port, si gai, si vivant à l'époque des courses aux avirons qui y ont lieu tous les ans, est, pour lui, après une vigoureuse navigation de quelques heures, le lieu de la terre le plus aimable à voir. Enfin, sans parler des grandes régates, chaque année voit revenir la brillante fête d'Asnières, fête accompagnée de musique militaire, de femmes parées et de nombreux applaudissements pour les héros du canotage.

MAISONS (SEINE-ET-OISE).

Le village de Maisons, quoique peu important malgré son heureuse situation sur la rive gauche de la Seine à quatre lieues de Paris, remonte au quatorzième siècle. Un magnifique château y fut construit en 1658 par Mansard. Voltaire y séjourna; le comte d'Artois en acquit la propriété, et, après avoir été vendu pendant la révolution comme propriété nationale, Napoléon s'en rendit maître pour le donner à son fidèle Lannes. Il passa depuis au célèbre banquier Laffitte, qui lui a donné son nom. Trois longues avenues, disposées en croix et accompagnées chacune de deux pavillons ornés d'architecture, conduisent au château, dont l'isolement rend la position avantageuse. Des fossés secs, bordés d'une terrasse, règnent autour de la principale cour, dans laquelle se trouvent un bassin et deux quinconces; celui de gauche est terminé par l'orangerie. L'harmonie qui existe dans ces diverses constructions et dans l'architecture du corps de bâtiment principal est une nouvelle preuve du génie de l'architecte célèbre qui en fut l'auteur. On prétend que Voltaire, décrivant le Temple du Goût, faisait allusion au château de Maisons, dans les vers suivants :

Simple en était la noble architecture ;
Chaque ornement à sa place arrêté,
Y semblait mis par la nécessité.
L'art s'y cachait sous l'air de la nature,
Jamais surpris et toujours enchanté.

Le parc, d'une vaste étendue, répondait par sa distribution à la magnificence du château; mais la révolution de Juillet, qui, en élevant si haut la réputation de M. Laffitte, porta un coup si fatal à sa fortune, le força à se défaire d'une partie de sa superbe propriété. On a divisé le parc, qui a 1,000 arpents, en petits lots, servant à autant de jolies maisons de campagnes suivant les goûts ou la fortune des modernes acquéreurs. Le pittoresque a pu y gagner, mais l'ensemble est défloré et a perdu son caractère grandiose. En face du château, un beau pont en pierre traverse la Seine; près de là, sur un bras de cette rivière, est un moulin à farine avec une machine hydraulique qui fournit de l'eau dans l'intérieur du château et dans ses jardins. Un pont, voisin du premier, sert au trajet du chemin de fer de Paris à Rouen.

NEUILLY (SEINE).

Longtemps Neuilly ne fut qu'une dépendance de la paroisse de Villiers-la-Garenne. On fait dériver son nom d'un port qui existait en 1222, en face du chemin de Nanterre, et qu'on appelait *Portus de Lulliaco*, ou *Lugniacum*. Dès les premières années du dix-septième siècle, la Seine se passait en bac à cet endroit. Mais voilà qu'un beau jour, Henri IV arrivant de Saint-Germain en carrosse avec la reine et plusieurs gentilshommes, les chevaux, au moment d'entrer dans le bac, se précipitèrent dans la Seine malgré les efforts du cocher; les seigneurs de la cour se jetèrent aussitôt à l'eau tout armés, tout habillés, et sauvèrent ainsi le roi, qui, à son tour, les aida à retirer la reine. Cette chute guérit Henri IV d'un grand mal de dents; il en plaisantait, en disant que jamais il n'avait trouvé de meilleure recette. Cependant, ne voulant plus y avoir recours avec la chance de se noyer, il donna au village de Neuilly un pont de bois, qui, en 1772, fut remplacé, sous la direction de M. Peyronnet, par un pont monumental, chef-d'œuvre de hardiesse, d'élégance et de solidité. Ce fut le premier pont construit en France sans courbure au milieu. Il se compose de cinq arches très-

surbaissées, ayant 120 pieds d'ouverture et 30 pieds de hauteur sous clef. Sa longueur est d'environ 750 pieds, et il
s'aligne avec la grande allée des Tuileries. Cet utile édifice
donna au village de Neuilly une importance qui s'est accrue
par l'établissement d'un grand nombre de belles maisons de
campagnes au nombre desquelles sont celles de *Saint-James*
et de *Sainte-Foye*. Celle-ci, peu distante du pont, fut bâtie en
1755 par M. d'Argenson, et devint, après la chute de l'Empire,
la propriété du duc d'Orléans. On sait à quel degré de magnificence Louis-Philippe a porté la propriété somptueuse
dont il faisait sa résidence pendant une partie de l'année.
C'est en s'y rendant par la route de Sablonville, située en
face de la porte Maillot, que le duc d'Orléans a trouvé, le 13
juillet 1842, une mort prématurée si malheureuse. Une chapelle funéraire a été élevée sur le lieu même de l'accident.

L'habitation de Saint-James, construite et baptisée par un
célèbre financier, un des personnages du fameux procès du
collier de la Reine, appartenait sous l'Empire à la princesse
Borghèse, sœur de Napoléon; magnifique et prodigue jusqu'à l'extravagance, elle dépensa deux millions seulement
pour élever un rocher immense, dont la forme rustique
contraste avec l'architecture élégante d'un magnifique péristyle. L'intérieur du rocher est composé de plusieurs
chambres et galeries souterraines, et principalement d'une
belle salle de bains décorée en stuc. Au-dessus de ce rocher est un vaste réservoir pour le jeu des eaux.

Lors de la révolution du 24 Février, des bandes d'indi-
vidus, comme il s'en trouve le lendemain de tous les grands
mouvements populaires, oiseaux de proie qui suivent pas à
pas les progrès de l'insurrection pour se repaître de cadavres, se dirigèrent vers le château de Neuilly, saccagèrent
les appartements, vidèrent les caves et moururent ivres au
milieu de l'incendie qu'ils avaient allumé.

RAMBOUILLET (SEINE-ET-OISE.

A ce nom de Rambouillet le peuple se rappelle sa victoire
sur une dynastie à qui rien n'a manqué pour constater sa
déchéance... pas même la honte de sa fuite! fuite par étapes
de soldats; fuite pendant laquelle les regards des Bourbons
perçaient à travers les buissons de la route dans l'espoir de
voir étinceler derrière une baïonnette secourable; pendant
laquelle leurs oreilles, si longtemps fermées à la vérité,
s'ouvraient attentives pour surprendre sous le vent, dans
le lointain, le cri d'un ami, un qui-vive royaliste.... Mais
rien! Le silence du peuple est aussi la formule de condam-
nations des rois.... Rien! Charles X était arrivé à la dernière
page du règne de Jacques II.

Le château de Rambouillet dut son érection à l'avantage
qu'offrait pour la chasse la vaste étendue de bois qui l'en-
vironne. D'un côté c'est la forêt des Ivelines sillonnée par
des percées très-régulières et qui s'étend jusqu'à Rochefort,
de l'autre la forêt de Rambouillet, unie à celle de Saint-
Léger, couvrant une surface de 50,000 arpents et couron-
nant de nombreux coteaux jusqu'à Montfort-l'Amaury et
la Vallée de Houdan.

Tel qu'il est aujourd'hui, le château de Rambouillet n'occupe guère au-delà de 500 toises de terrain. Son plan est irrégulier; son architecture est lourde, massive et sa décoration des plus simples. Cet édifice est flanqué de trois tourelles et d'une grosse tour à créneaux. Tout ce qui est bâti en briques ne paraît pas remonter au-delà du règne de Henri IV. Des précédentes constructions, il ne reste que la grosse tour qui semble antérieure au quinzième siècle. C'est là qu'on voit la chambre où mourut François Iᵉʳ. Une des ailes a été abattue en 1805 et remplacée par un grand mur prolongé jusqu'à la loge du portier, d'où part une belle grille en fer qui décrit un demi-cercle en allant rejoindre la tour principale, et sépare la cour d'honneur d'une vaste avant-cour très spacieuse. L'intérieur des appartements se ressent de l'irrégularité de l'édifice et n'offre rien qui soit digne d'être cité. On y a longtemps conservé le portrait de François Iᵉʳ, son casque, son épée et sa cotte d'armes, mais ces objets, qui excitaient la curiosité des voyageurs, n'y sont plus. A gauche de l'édifice et sur le bord de la route de Paris, est un vaste commun bâti par le duc de Penthièvre. Louis XVI se proposait d'agrandir encore ce château, mais les événements qui se pressaient sur ses pas ne lui en laissèrent pas le temps, et au contraire une partie du château fut démolie.

Les jardins de Rambouillet, dessinés par Le Nostre, manquent d'unité pour le plan, mais ils se lient très-bien avec le parc et la forêt qui les entourent. Une pièce d'eau en forme de trapèze de 90 arpents de surface est partagée en plusieurs canaux par deux grandes îles et deux petites ombragées çà et là de bouquets d'arbres touffus et tapissées du gazon le plus vert et le plus frais. Le parc, également dessiné par Le Nostre et dont on est redevable au premier duc de Penthièvre, renferme plusieurs fabriques, la laiterie de Marie-Antoinette et la fameuse ferme créée par Louis XVI pour l'établissement du premier troupeau de mérinos qu'on ait introduit en France et qui est encore aujourd'hui l'un des plus beaux.

MONTLHÉRY (SEINE-ET-OISE).

Il ne s'agira point ici de la description d'un de nos châteaux modernes, séjour de luxe et de bien-être ; nous avons à représenter la lugubre physionomie d'un de ces manoirs de nos ancêtres dont il est regrettable, au point de vue de l'art, que la destruction soit devenue aujourd'hui presque complète.

Parmi les anciennes forteresses ayant tours, murailles et fossés, ponts-levis, herses et machicoulis, Montlhéry, l'effroi des rois de France et des campagnes environnantes, fut renommé par la tyrannie de ses seigneurs et par la force qu'il devait à l'art et à la nature. L'histoire de ce lieu offrirait un tableau fidèle du régime féodal : faiblesse de la monarchie, puissance souveraine des seigneurs, absurdité de ce qu'on nommait alors la justice, et malheurs des peuples. OEuvre du temps, non moins que de la main des hommes, la destruction des murs et des tours secondaires du château de Montlhéry, fortifié en 999 par Thibaud File-Etoupe, a commencé en 1591 ; il n'en reste plus aujourd'hui que des ruines ; mais, à l'aide de la tradition, on sait que, pour arriver au château dont la principale entrée était du côté de la ville, il fallait ouvrir cinq portes, monter par trois terrasses élevées les unes sur les autres, et franchir cinq enceintes.

La tour du Donjon, tour fameuse, tour encore debout au milieu des ruines qui entourent cette relique féodale, a résisté pendant huit siècles aux ravages du temps et des hommes (1). Boileau l'a décrite ainsi :

> Ses murs, dont le sommet se dérobe à la vue,
> Sur la cime d'un roc s'allongent dans la nue,
> Et, présentant de loin leur objet ennuyeux,
> Du passant qui les fuit semble suivre les yeux.

La hauteur de cette tour est aujourd'hui de 96 pieds : elle paraît avoir été plus haute encore. « Par dedans œuvre, dit un procès-verbal de 1547, les murs ont neuf pieds par bas, six, cinq, quatre par haut, d'épaisseur. Le premier et le deuxième étages sont voûtés en dedans, et dans le premier étage est un moulin à bras. Le comble de charpenterie couvert en ardoise et en plomb, et garni de mardelles et allées au pourtour. »

A la tour du Donjon en est accolée une seconde, de moindre dimension ; elle contient l'escalier, qui n'est plus abordable. Aux deux tiers de la hauteur de ce groupe de tours, on voit une ceinture de support, en saillie et en pierres de taille, destinée à soutenir une galerie extérieure que les anciens nommaient machicoulis ; au-dessus de cette galerie, on s'aperçoit que le diamètre de la grosse tour diminue, et des pierres qui s'en détachent menacent de leur chute les observateurs. Des murs et des tours qui protégeaient le donjon, quelques-unes sont toujours debout, d'autres sont à rez de terre ; les restes d'une de ces tours située au nord s'élè-

---

(1) Selon un archéologue moderne, la tour de Montlhéry n'aurait pas fait partie de la forteresse primordiale, et sa construction ne remonterait qu'à la seconde moitié du treizième siècle.

vent encore à trente pieds au-dessus du sol ; elle est percée
d'outre en outre, et son ouverture irrégulière, faite évidem-
ment de la main des hommes, laisse, à travers ces tristes
débris de constructions féodales, apercevoir le tableau riant
des campagnes. Le mur d'enceinte opposé au sud, en grande
partie existant, offre une ouverture régulière qui sert de ca-
dre à un pareil tableau. Au nord-est se trouve un monticule
appelé la Mothe-de-Montlhéry et composé de terres rappor-
tées, qui doit être mis au rang de ces tombelles où les chefs
guerriers de la Gaule antique étaient ensevelis.

La possession de la forteresse de Montlhéry fut, dans le douzième siècle, un sujet de guerres multipliées, de trahisons et
d'assassinats. Hugues de Crécy, l'un des principaux acteurs
de ces scènes sanglantes, étrangla de ses propres mains à
Montlhéry son cousin Milon de Braie, puis jeta son corps
par la fenêtre d'une des tours du château. La fameuse bataille qui eut lieu en 1465 entre Louis XI et son frère Charles,
duc de Berri, fut livrée sur le territoire de Montlhéry ;
elle eut pour résultat le traité de Conflans qui permit enfin
aux peuples de respirer.

La ville de Montlhéry, autrefois bourg, est située sur le
penchant de la montagne, au-dessous, au nord et au nord-
ouest du château. La porte Baudry porte l'inscription suivante, récemment gravée : « Cette porte, bâtie dès l'an
1015, par Thibaud File-Etoupe, fut rebâtie en 1589 sous
Henri III, et restaurée par le consulat de Bonaparte, l'an
8 de la République, par Gaudron de Tilloy, maire. » Sur
l'esplanade où s'élève la tour, on a construit, lors de la
guerre en Espagne, un télégraphe qui fait partie de la ligne
de Paris à Bayonne.

LE CHATEAU DE FONTAINEBLEAU (SEINE-ET-MARNE).

La première origine du château de Fontainebleau se perd dans la nuit des temps. Cette œuvre de tant de rois, si riche en souvenirs de tous les âges, apparaît brusquement dans l'histoire, vers le milieu du douzième siècle, et c'est déjà un vieux manoir féodal avec ses tours, son donjon, ses fossés. Louis VII l'habite avec sa cour, et saint Louis, qui s'y plaisait beaucoup, l'appelle son cher désert et y fonde un hôpital qui existe encore. Philippe-le-Bel naquit et mourut dans ce château successivement embelli par ses successeurs, jusqu'à François Ier, qui fit construire par le célèbre Primatice la plus grande partie des bâtiments que nous voyons aujourd'hui, et que ses fils Henri II et Charles IX d'abord, puis tour à tour Henri IV, Louis XIII, Louis XIV et Louis XV, se plurent à augmenter et à enrichir.

Quoique ces diverses constructions, faites en différents temps, n'offrent rien de symétrique dans l'ensemble, cependant ce mélange de grandeur et d'irrégularité a quelque chose qui plaît, et le château de Fontainebleau, à tout pren-

dre, est, de toutes les demeures royales, la plus magnifique
et la plus commode. L'étendue des bâtiments est telle, que
la toiture seule présente une superficie de 60,000 mètres
carrés. Leur ensemble est si compliqué, qu'il faut les par-
courir plus d'une fois ou s'aider d'un plan pour s'y orienter
plus facilement. Ce vaste assemblage d'édifices se partage
en deux massifs principaux réunis par une galerie construite
sous François Ier pour servir de communication entre la
cour du Cheval-Blanc et l'ancien pavillon de Saint-Louis,
qui constituait originairement tout le château. Cette galerie
transversale est située entre le jardin du Roi et la cour de
la Fontaine. Le jardin, d'abord nommé des Buis, de l'Orangerie et ensuite du Roi, est dessiné en jardin paysagiste et
renferme une belle statue de Diane chasseresse. La cour de
la Fontaine, ornée d'une statue en marbre blanc représentant Ulysse, est entourée de bâtiments sur trois côtés et bordée sur le quatrième par un étang. Dans une de ses ailes, à
laquelle aboutit l'avenue des Tilleuls de Maintenon, longeant
l'étang, se trouve la galerie de tableaux de Henri II, restaurée en 1834. Derrière cette galerie, s'étend la cour ovale
ou du Donjon, berceau de cette antique demeure autrefois
défendue par des fossés. Après la cour ovale, vient la cour
des Princes, séparée du jardin du Roi par une partie des
bâtiments qui l'environnent. C'est dans cette portion sombre et solitaire du château que s'accomplit, le 10 novembre
1657, le meurtre de Monaldeschi, ordonné par Christine
de Suède, qui alla cacher sa honte et ses remords au château de Saint-Germain.

La cour des Offices, dont l'entrée est sur la place d'armes,
est située au nord de la cour des Princes et de la cour ovale.
Cette cour, vaste et régulière, est entourée de trois corps
de bâtiments construits sous Henri IV en 1609. Entre la
cour ovale et celle des Offices, on distingue la porte Dauphine, surmontée d'un dôme élégant, et la porte dorée, en
face de la chaussée de Maintenon.

L'autre côté comprend les bâtiments qui entourent la

cour d'honneur ou cour des Adieux. La façade du fond a
été construite par François Ier; le grand bâtiment à droite,
ou l'aile de Louis XV, a remplacé, sous son règne, la galerie
d'Ulysse, décorée par les peintures des maîtres italiens qu'a-
vait appelés François Ier. Cette vaste cour, ayant 152 mètres
sur 102, était primitivement fermée par des bâtiments du
côté de la place de la ville; Napoléon les fit remplacer par
une grille. Longtemps appelée cour du Cheval-Blanc, à
cause d'une figure équestre en plâtre que Catherine de
Médicis y avait fait placer, elle a pris, depuis 1814, le nom
actuel de *cour des Adieux*, et elle le gardera, parce que
ce nom se rattache à un souvenir devant lequel pâlissent
les souvenirs de la vieille monarchie, et qu'il est consacré
par une grande gloire et une grande infortune.

La chapelle de la sainte Trinité fut construite, en 1529, sur
l'emplacement de la chapelle Saint-Louis; elle a été restaurée sous Henri IV, et ses ornements sont magnifiques.

Dans cette description sommaire de l'ensemble des bâtiments de Fontainebleau, nous ne nous sommes point arrêtés aux statues, tableaux qui les décorent; elle eût exigé de
trop longs détails, et il est des objets qu'il faut voir et non
décrire. Le parc et les jardins répondent à la magnificence
du château; des eaux abondantes les traversent, les limitent
et les embellissent, et vont, en passant sous un rocher, se
verser dans la pièce d'eau appelée l'étang. Le parc doit ses
principaux agréments à ses belles allées, au canal et à la
cascade qui l'entretient.

Fontainebleau a été constamment entretenu et embelli.
Tout est à sa place d'autrefois, depuis les ornements de la
chapelle de Saint-Louis jusqu'à la petite table sur laquelle
fut signée l'abdication de Napoléon; depuis les fleurs de la
chambre habitée par Catherine de Médicis jusqu'aux meubles de l'appartement occupé par l'impératrice Marie-Louise.
Les portes, les plafonds, les parquets, les meubles, les vitraux, les chefs-d'œuvre de toile, de marbre ou de pierre,
l'or, la couleur, l'écaille, l'argent, l'émail, l'ivoire et le

velours, toutes les richesses, toutes les merveilles de trois siècles sont là.

La France peut s'en applaudir; Fontainebleau a repris toute son entière splendeur, sauf l'éclat, l'élégance, la vie que lui donnait autrefois la présence des souverains. Mais laissons les monuments que les temps modernes ont effacés sans retour, et jetons un coup d'œil sur la forêt. Sa superficie est de 17,000 hectares, et son pourtour de 100 kilomètres; les routes, chemins, sentiers qui traversent la forêt dans tous les sens, comprennent un développement d'environ 500 lieues. Le sol est généralement sablonneux, et le roc est un grès blanc fort dur. A côté des arbres indigènes croissent les plantes alpestres, et, à une petite distance, des végétations tropicales. Le chêne y est l'arbre le plus commun; on en rencontre qui ont une hauteur considérable et jusqu'à sept mètres de circonférence. On comprend facilement la variété d'aspects que ces différentes végétations doivent produire : ici, les vieilles futaies de chênes et de hêtres aux dômes touffus; là, les cimes élancées des pins, imitant, sous le souffle du vent, le bruit des flots qui se brisent au loin sur la plage; puis des espaces arides où dominent seulement le houx et le genévrier, ou de vastes landes couvertes de bruyères sans aucun arbrisseau. Joignez à cela le chaos pittoresque des rochers de grès, et vous comprendrez l'éternel enchantement des poètes qui, ne pouvant aller au loin chercher une grande nature, la trouvent dans cette forêt. Elle produit annuellement 6 à 700 cordes de bois, et environ 800 milliers de pavés qu'on transporte à Paris sur la Seine. Le gibier, autrefois très-abondant, y a été détruit en grande partie, et l'on attribue la rareté des oiseaux à l'absence complète de sources due à la nature du sol. Les hôtes les plus redoutables sont, de nos jours, la vipère pour les gens qui ne font pas attention où ils mettent le pied, et la fausse oronge, pour les gourmands qui aiment mieux cueillir eux-mêmes leurs champignons que de les acheter au marché.

VAUX-LE-PRASLIN (SEINE-ET-MARNE).

Cet ancien château, à une lieue de Melun, a plusieurs fois changé de nom. Il fut d'abord appelé Vaux-le-Vicomte; c'était alors une demeure seigneuriale que le fameux surintendant des finances Fouquet fit remplacer par une magnifique résidence, au prix de dix-huit millions de dépenses. Jaloux de son opulent ministre, accusé d'ailleurs de concussions, Louis XIV, après une fête magnifique qu'il lui avait donnée à Vaux, le fit arrêter et l'envoya mourir dans la citadelle de Pignerol, après dix-neuf ans de captivité.

De magnifiques bassins, une belle pièce d'eau, une cascade, un canal de 500 toises de longueur, occupant la largeur d'un parc de 600 arpents, décorent cette propriété, qui, après les Fouquet, passa au maréchal de Villars, puis au duc de Praslin, ministre d'État. A l'époque de la puissance de ce dernier, ce riche domaine fut érigé en duché-pairie, et prit le nom de Vaux-le-Praslin, qu'il n'a plus quitté. Cette terre appartient encore aux héritiers des derniers Praslin, dont la fin déplorable a naguère jeté l'épouvante dans tous les esprits. Chacun se rappelle en effet que l'épouse du duc de Praslin fut assassinée ou plutôt massacrée par lui, et que le meurtrier s'est empoisonné pour se soustraire à la vindicte des lois.

ERMENONVILLE (OISE).

Ermenonville, dans le voisinage de Senlis, était un vieux château que Henri IV érigea en vicomté, et qui, par une suite d'héritages collatéraux, passa en 1701 à René-Louis de Girardin. L'on peut dire qu'Ermenonville fut créé par le nouveau propriétaire. Avant lui, cette terre n'était qu'un marais impraticable; elle devint, sous ses yeux, le plus beau jardin paysagiste de France. Les souvenirs de la Suisse et de l'Italie, longtemps visitées par M. de Girardin, le dirigèrent dans les embellissements qu'il fit à sa terre chérie, à son Eden, comme il l'appelait. Dans le parc, le plus beau point de vue se fait admirer : l'île des Peupliers se découvre de la manière la plus pittoresque. La vue de cette île et du monument qu'elle possède rappelle les malheurs de celui qui y trouva son dernier asile, après un séjour de quelques mois seulement chez son bienfaiteur. Le grand philosophe, l'homme de la nature et du génie, l'auteur d'*E-mile*, enfin, reposa sous l'ombrage des beaux peupliers

d'Ermenonville, jusqu'au moment où l'Assemblée nationale
ordonna la translation des restes de J.-J. Rousseau au Panthéon. On lit, sur une des faces du tombeau, la devise
que Rousseau s'était choisie : *Dévouer sa vie à la vérité.*
M. de Girardin y fit ajouter ces mots : *Ici repose l'homme
de la nature et de la vérité.* On voit, dans le parc, le Temple
de la Philosophie, dont le frontispice porte cette inscription :
Rerum cognoscere causas. Enfin, dans le désert, il existe
une chaumière très-anciennement construite. M. de Girardin l'a dédiée à Rousseau qui se plaisait dans ce lieu sauvage. On y lit plusieurs pensées empruntées à ses œuvres,
et entre autres celle-ci : *Celui-là est véritablement libre,
qui n'a pas besoin de mettre les bras d'un autre au bout
des siens pour faire sa volonté.*

Le château coupe la vallée en deux parties; l'ancien manoir lui sert de fondation. Trois tours s'élèvent à trois des
extrémités, une quatrième est renversée; les fossés du château sont remplis d'eau, et lui donnent un aspect noble que
n'ont pas les habitations privées de cette décoration féodale.
Peu d'étrangers ont quitté la France sans avoir visité Ermenonville; et la terre qui a vu mourir J.-J. Rousseau est peut-
être celle qui laisse le plus d'émotions. En 1777, l'empereur
Joseph II y vint; Gustave III lui rendit aussi visite en 1783;
et la reine de France y fut reçue par M. de Girardin. Enfin,
en 1815, lors de l'invasion de notre patrie, à cette époque
désastreuse où les étrangers s'érigeaient en maîtres dans nos
campagnes, on vit un des chefs de l'armée russe, qui avait
établi son camp au *Plessis-Belleville,* donner l'ordre de res-
pecter Ermenonville et décharger le village de toute corvée
militaire, par respect pour la mémoire du philosophe qui
l'avait habité, tant le génie inspire de vénération à tous les
peuples!

CHANTILLY (OISE).

Le premier château qui décora Chantilly fut construit à une époque très-reculée ; il appartenait aux comtes de Senlis. En 1369, Guillaume, sixième du nom, le vendit à une autre maison ; il passa ensuite dans différentes familles, et, enfin, à celle des Montmorency. L'un d'eux, Henri de Montmorency, ayant été décapité à Toulouse en 1612, Louis XIII confisqua Chantilly et le donna à Henri de Bourbon, prince de Condé. Cette maison l'a conservé jùsqu'à la révolution et l'a réoccupé sous la restauration. Ce sont les princes de Condé qui ont fait de Chantilly un lieu insigne entre tous nos châteaux célèbres. Le grand Condé y donna à la cour de Versailles des fêtes dont Louis XIV lui-même fut jaloux, tant il y fut déployé de luxe et de magnificence. Le roi pria le prince, son cousin, de lui céder Chantilly, le laissant maître d'en fixer le prix. « Il est à votre Majesté pour le prix qu'elle déterminera elle-même, dit Condé ; je ne lui demande qu'une grâce, c'est de m'en faire le concierge. — Je vous entends, mon cousin, répondit le roi, Chantilly ne sera jamais à moi. » Louis XIV se trompait, il n'avait pas prévu qu'un jour Chantilly serait à tout le monde, et ce jour-là est arrivé. Mais en même temps, de tant de merveilles, à si grands frais entassées, il ne reste plus que des ruines. Le petit château, le château d'Enghien et les écuries ont été seuls épargnés et peuvent encore, jusqu'à un certain point, montrer quel fut autrefois Chantilly. Les écuries, surtout, sont magnifiques et d'une étendue considérable; elles furent construites de 1719 à 1735, et peuvent contenir 200 chevaux; jadis les autres parties et dépendances de la terre de Chantilly, le grand château, le grand parc, le parc de Sylvie, la chapelle, l'orangerie, le château de Duquam, la salle de spectacle, l'île d'amour, l'île du bois vert, le temple de Vénus, la grande cascade, celle de Beauvais, etc., rivalisaient entre elles de beauté et de somptuosité.

La révolution a fait disparaître presque tous ces monuments de luxe, et à côté il s'en est élevé de plus modestes, mais aussi plus utiles au pays. De nombreuses manufactures ont remplacé les cascades, les jets d'eau; le bonheur et l'aisance habitent encore Chantilly; mais c'est par l'industrie et les travaux des habitants qu'ils y sont maintenant entretenus. Les eaux du grand canal de la Nonette alimentent, au moyen d'une machine hydraulique, les établissements publics et particuliers du bourg de Chantilly. — Le parc, quoique bien déchu, est encore un des plus beaux de France, et l'hôpital, fondé par les Condé, est toujours subsistant. La forêt de Chantilly a une superficie d'environ 3,809 hectares; elle est parfaitement aménagée et coupée de belles avenues dont les principales aboutissent à un rond-point central qui sert de halte de chasse. Les courses de Chantilly, autrefois royales sous les Condé, étaient encore les plus belles de France, lorsqu'en 1836 le fils aîné de Louis-Philippe les eut rétablies, et elles étaient devenues pour nous l'*Epsom* français.

LE CHATEAU DE COMPIÈGNE (OISE).

Compiègne est une ville, c'est un château, mais c'est surtout une forêt. Le nom latin de *Compendium* qu'elle portait rattache son origine à l'époque de la domination romaine dans la Gaule. Les dominateurs barbares remplacèrent plus tard les dominateurs romains. Si on consulte les historiens, on voit qu'à partir de Clovis, toute la vieille monarchie de la France a passé par là; mais un des plus tristes souvenirs des annales de Compiègne est la captivité de Jeanne d'Arc, qui commença sous ses murs. La porte du vieux pont sur l'Oise, près duquel la noble jeune fille succomba par la trahison de Guillaume de Flavy, gouverneur de la ville, n'existe plus depuis quelques années. Longtemps, au-dessus de cette porte, on lut l'inscription suivante :

Cy fust Jehanne d'Ark, près de cestui passage,
Par le nombre accablée et vendue à l'Anglais,
Qui brûla, le félon, elle tant brave et sage.
Tous ceux-là d'Albion n'ont fait le bien jamais.

Compiègne n'offre rien d'imposant à la curiosité du voyageur, mais ses environs sont découverts; les montagnes en sont éloignées, et les bois et les collines chargées de vignes,

/es villages et les rivières qui entrecoupent cette belle plaine y forment des paysages charmants. Le château royal, rebâti par Louis XV, terminé par Louis XVI et restauré par Napoléon, est vaste et remarquable par la distribution et la richesse de ses appartements, autant que par l'ordonnance de ses jardins. La façade, sur les jardins, d'une élégante simplicité, et dont le rez-de-chaussée correspond au premier étage de la façade principale, a 200 mètres de longueur. Devant le château, s'étend une longue terrasse, à droite et à gauche de laquelle deux escaliers descendent dans les jardins. Du milieu de la façade, on a le spectacle d'une pelouse de 50 mètres de largeur, encadrée de massifs d'arbres, et à son extrémité se prolonge, en dehors de la grille de clôture, une longue avenue que Napoléon fit percer à travers la forêt et qui va rejoindre les Beaux-Monts, dont l'amphithéâtre couronne la perspective. C'est dans le château de Compiègne, au mois de juin 1808, que l'empereur relégua Charles IV déchu du trône d'Espagne, sa famille et sa suite, d'où il leur fut permis, après quelques mois de résidence, de partir pour se rendre à Rome. Ce fut aussi dans ce palais qu'en 1810 Napoléon alla recevoir sa nouvelle épouse, Marie Louise, qui, plus tard, sut si peu soutenir l'éclat de sa haute condition.

La forêt, connue d'abord sous le nom de Cuise, à cause de l'ancienne maison de ce nom, ne prit définitivement celui de forêt de Compiègne que sous Louis XIV. Sa contenance est d'environ 15,000 hectares, et sa valeur de 45 millions. Le produit annuel s'élève, frais déduits, à 800 mille francs. Elle est traversée par un grand nombre de routes qui forment aujourd'hui une longueur d'environ 1,550,000 mètres. Il y a 278 carrefours munis de poteaux, un nombre considérable de ruisseaux, 286 ponts, 10 étangs, 16 mares et 15 fontaines. Les plus vieilles futaies ont de 200 à 250 ans.

Parmi les souvenirs historiques du pays, ce qui attire surtout les visiteurs, ce sont les ruines du château de Pierrefond situé à l'extrémité de la forêt.

PIERREFOND (OISE).

Tout le pays qui entoure Compiègne est riche en souve
nirs historiques; mais ce qui attire surtout la curiosité des
étrangers, ce sont les ruines du château de Pierrefond, encore debout sur une éminence.

Situé à l'extrémité orientale de la forêt de Compiègne,
le premier château de Pierrefond fut élevé lors des premières
invasions des Normands, en vue d'arrêter les déprédations
de ces barbares. Bâtie et scellée aux flancs d'un rocher es-
carpé, cette forteresse, après avoir longtemps résisté aux
invasions successives qui désolaient la France et Paris lui-
même, devint à son tour un monument d'oppression et de
tyrannie. Derrière ces puissantes murailles flanquées d'é-
normes tours et entourées de profonds fossés, les seigneurs
de Pierrefond devinrent redoutables à leurs voisins; et bientôt leur puissance appuyée sur la force, ne connut plus de
bornes et devint toute royale; ce fut alors qu'ils créèrent
des pairs choisis parmi leurs plus nobles vassaux, et donnèrent des chartes aux villes et bourgs de leur dépendance. Déjà, lors de son avénement au trône, Philippe-
Auguste s'était ému de cette insolente rivalité, et lorsque la
victoire de Bouvine lui eut permis de revendiquer ses droits,

il rappela au devoir et à la soumission les vassaux qui s'en étaient écartés.

Les seigneurs de Pierrefond tentèrent vainement de résister au roi victorieux; ce dernier s'empara de leur château, en fait abattre les murailles, combler les fossés, et le donne aux religieux des environs, en leur imposant la condition de n'en pas relever les ruines.

Plus d'un siècle et demi s'était écoulé depuis cet acte de vigueur, le château de Pierrefond n'était plus qu'une modeste ferme exploitée par des religieux, lorsque, en 1390, Louis, duc d'Orléans et de Valois, fit construire, non loin des vestiges de l'ancienne forteresse, un nouveau château de Pierrefond. C'est avec une sorte d'enthousiasme que les contemporains décrivent cette magnifique demeure, et aujourd'hui même il suffit d'en visiter les ruines pour se convaincre que les éloges qu'ils en ont faits n'ont rien d'exagéré.

Ses tours, hautes de 108 pieds, et ses solides murailles étaient scellées dans le roc vif, et les pierres des angles étaient unies les unes aux autres par des crampons de fer. Ce second château de Pierrefond, construit comme le premier pour servir de forteresse, ne manqua pas à sa destination, et les guerres qui suivirent sa fondation ne s'écoulèrent pas sans que quelque épisode de chacune d'elles n'eût les murailles de Pirrrefond pour théâtre. Enfin, Louis XIII ordonna qu'il fût démantelé. Les tours formidables restèrent seules debout, et aujourd'hui le château de Pierrefond domine encore les plaines environnantes de ces ruines majestueuses.

Vendus en 1798 comme propriété nationale pour la somme de 8,000 fr. et rachetés en 1812 par Napoléon au prix de 5,000 fr., ces débris appartiennent à l'État, et leur accès a été rendu facile par des travaux ordonnés sous Louis-Philippe.

MONTMORENCY ET ENGHIEN

Longtemps la belle et fertile vallée de Montmorency, qui
s'ouvre à quelque distance de Saint-Denis, un peu au-dessus du fort de la Briche, a été le paradis des Parisiens assez
fortunés pour pouvoir s'expatrier dans la belle saison, ne
fût ce que pour un jour. Quels charmants paysages, quelles
sites ravissants ! Partout des arbres, des fleurs, des
fruits, des bois, des champs, des prairies émaillées,
partout des ombrages, de la verdure, d'enivrantes senteurs
et de délicieuses retraites offertes aux poétiques loisirs. La
nature s'est montrée là prodigue de tous les bonheurs, de
tous les enchantements. Aussi comme les citadins de l'opulence se sont empressés d'accourir dans cet Eden et de le
peupler des plus élégantes villas! De toute part on n'aperçoit que blanches maisons, que pavillons, que kiosques du
plus magique décor, que chalets d'une simplicité étudiée,
que chaumières du plus confortable rustique, que châteaux
du plus riant aspect. Chaque groupe de ces habitations de
plaisance est un village, mais un village sans villageois, un
village plein de souvenirs, une halte au sein d'un Élysée
tout rempli des illustrations du passé. La perle de cette
vallée sans pareille est, sans contredit, Enghien, admirable
séjour à 2 kilomètres de Montmorency et à 16 de Paris. Là

se trouve la seconde station du chemin de fer du Nord.
Enghien, par sa situation, est déjà un de ces lieux d'élite
où l'on aimerait à jouir de cette médiocrité dorée que vante
Horace; mais Enghien est encore fameux par ses eaux sul-
fureuses dont les propriétés médicales égalent celles des
eaux de Barèges, par l'inaltérable fraîcheur de ses pelouses
et de ses bosquets, par la limpidité de son lac si attrayant
pour les baigneurs, par ses admirables cottages qui viennent baigner leur pied dans ses ondes et l'encadrer dans
une guirlande de la plus réjouissante variété. Il y eut un
moment où les eaux et le lac d'Enghien firent fureur; les
malades bien portants, les ennuyés, les oisifs, les grecs et
les beautés de l'aventure se rencontraient là comme à Spa;
les distractions, les amusements, les plaisirs y étaient plus
complets, mais il y manquait l'agrément d'un long voyage
pour aller trouver toutes ces mondaines félicités; et des intrigues de plus d'un genre ne pouvaient sans crainte courir à
leur dénoûment si près d'une capitale où la surveillance de la
police s'exerce dans un rayon assez étendu. Les pèlerinages
sanitaires dans cet endroit, où nos ancêtres du paganisme
eussent certainement élevé un temple à Esculape, ou tout
au moins à la déesse Hygie, sont devenus de plus en plus
rares; on ne se rend plus guère à Enghien que pour se pro-
mener en nacelle sur le lac où se miraient, il y a quelques
années, les blanches voiles de nombreuses escadrilles de
chaloupes, ou pour se livrer à toutes les joies de la danse à
grand orchestre dans un parc immense où tous les étonne-
ments, toutes les perspectives féeriques se réunissent et
transportent l'imagination au sein de l'enivrante réalité des
jardins d'Armide. Voilà pour les voluptueux, pour les
amants qui cherchent le délire; mais pour les badauds d'une
innocence primitive, les balançoires, les prestidigitateurs
et toutes les musarderies foraines ont cent fois plus de prix.
Ce n'est que pour louer l'âne qui le jettera dans un fossé,
qui le fera rouler dans la poussière aux grands éclats de
rire de toute la cavalcade de famille dont il fait partie, qu'il

voudra pousser jusqu'à Montmorency. Montmorency n'est
pour lui que la poste aux ânes ; peut-être aura-t-il entendu
parler de l'enseigne du *Cheval-Blanc*, œuvre de Carle Ver-
net, dont le pinceau se vulgarisa un jour au profit de son
hôtelier ; mais de Jean-Jacques Rousseau, mais de la charmante madame d'Epinay, type d'une des plus heureuses
créations du dix-huitième siècle, mais de ce bon maréchal
de Luxembourg, de cet excellent Catinat, si heureux sous
son toit rustique, de l'aimable saint Lambert, du chanson-
nier Laujon, du savant d'Alembert, du spirituel et naïf
Grétry, de toutes ces gloires dont la France peut s'enor-
gueillir, il ne sait mot, le malheureux ; et pourtant tous ces
illustres ont parcouru ces lieux ; et il y a peu d'années encore des vieillards étaient tout fiers d'avoir à vous dire
qu'ils les avaient vus, qu'ils les avaient connus, qu'ils leur
avaient parlé. Denil, Eaux-Bonnes, Epinay, Saint-Gratien,
Groslay, La Chevrette, Saunois, Franconville, Saint-Leu,
Taverny, Ermont, Leplessis-Bouchard, Pierre-Lay, dernier
village de la vallée, furent autant d'endroits de prédilec-
tions qui partagèrent avec Montmorency l'honneur de les
avoir inspirés.

De la petite ville de Montmorency, située sur une éminence, l'on plane sur toutes ces localités ; ce sont autant de
bouquets que l'on embrasse d'un coup d'œil, qui reposent
et réjouissent la vie. Au temps où Montmorency était la capitale d'un duché-pairie, elle n'était cité si bourgeoise qu'à
cette heure : le château ducal s'y dressait en dominateur, devant lui tout s'abaissait, tout se rapetissait ; il n'y avait alors
de luxe permis qu'aux officiers du haut et puissant premier
baron chrétien ; le bien-être et l'autorité étaient exclusive-
ment réservés aux nobles et aux prêtres, aux chanoines de la
collégiale et aux oratoriens. Eux seuls étaient riches ; quant
aux vassaux, ils ne pouvaient prétendre qu'à la soumission,
jamais à l'aisance ; ils étaient pauvrement logés, pauvrement
vêtus ; en revanche, ils avaient une belle et grande église,
bâtie avec la magnificence et les proportions d'une cathé-

drale dans le goût et à la date du seizième siècle. C'est dans
ce sanctuaire qu'étaient conservés le corps et la châsse de
saint Félix, qu'une députation des habitants de la paroisse
de son nom dans le Beauvoisis avaient le privilége de porter à la procession qui se faisait le jour de sa fête à Montmorency. De tous ces vieux us on n'a guère souvenance aujourd'hui; les habitants de Montmorency se soucient fort
peu de ce que furent leurs ancêtres; leur seigneur actuel,
c'est le monde parisien, c'est l'étranger qui vient leur rendre visite et leur demander, bourse en main, l'hospitalité
du passage et du séjour; aussi ont-ils ouvert force hôtelle-
ries, restaurants et cafés à son usage. L'histoire de leurs
maîtres féodaux, ils l'ont complétement oubliée; elle ne
leur rapporterait rien, et puis à quoi leur servirait de savoir que les uns ne furent ni méchants ni bons, que le
connétable Anne de Montmorency, tué en 1567 à la bataille
de Saint-Denis contre le prince de Condé, fut jusqu'à l'âge
de soixante-quatorze ans un monstre de cruauté et de bru-
tale luxure; qu'un seul de ces hommes mérita des regrets,
précisément celui que Richelieu fit décapiter à Toulouse;
qu'après lui ses biens confisqués furent donnés au prince
de Condé; que la terre de Montmorency dut, dès lors, prendre le nom d'Enghien, ainsi que l'avait ordonné Louis XIV,
ce qui n'empêcha pas l'ancien nom de persister? Ce qui les
intéresse bien davantage, c'est que, du 15 juin à la fin de
septembre, il y ait affluence aux eaux et au bal d'Enghien,
c'est que toute l'année, et pendant des siècles encore, se
perpétue la dévotion à l'homme du peuple et des peuples,
au philosophe de la démocratie, à l'inimitable Jean-Jacques,
ce sublime écrivain si sympathique aux cœurs tendres, aux
âmes chaleureuses et passionnées. Vous tous qui l'aimez,
vous y trouverez deux théâtres de ses joies et de ses dou-
leurs, c'est d'abord la maison qu'il habita (le petit Mont-
Louis) à sa sortie de l'Ermitage depuis le 15 décembre 1757
jusqu'au 9 avril 1762. Là il composa sa *Lettre sur les spec-*
tacles, écrivit le *Contrat social*, et termina sa *Nouvelle*

Héloïse. Une inscription vous dira pourquoi et comment il en
fut arraché. Après l'avoir vue, dirigez-vous vers l'*Ermitage*

ci-devant solitude, sur la lisière de la forêt à 2 kilomètres
de la ville. Là tout vous parlera de lui; vous y verrez le
monument que madame d'Epinay érigea à sa mémoire
avant qu'il fût mort; vous y verrez ce qu'il a vu, vous tou-
cherez ce qu'il a touché, vous saurez ce qui lui plut; ici est
son lit, là la table sur laquelle il composa une partie de son
Héloïse; puis, d'autres meubles qui lui servirent, des es-
tampes auxquelles il attachait une idée, qui répondaient
à quelques-uns de ses sentiments. Dans le jardin on vous
montrera un laurier qu'il a planté, et la progéniture probable du rosier qui lui inspira la musique de cette romance si
connue : *Je l'ai planté, je l'ai vu naître*. Tout cela a été
religieusement conservé, et pourtant l'Ermitage de Jean-
Jacques a reçu successivement bien des hôtes, sans compter
Regnault de Saint-Jean-d'Angely, et Maximilien Robespierre,
qui y passa la nuit du 6 au 7 thermidor de l'an 2. Plus tard,
il devint la propriété du célèbre Grétry, qui y termina ses

jours. Aujourd'hui il appartient au neveu du compositeur, M. Flamand-Grétry, qui a uni dans un même culte les deux renommées, celle du grand prosateur et celle du grand musicien. Non loin de là est le chalet de l'Ermitage, élevé par Grétry pour se procurer un voisinage. Son premier locataire fut l'illustre Boieldieu, une des gloires musicales de la France.

TABLE DES MATIÈRES.

RIVE GAUCHE.

ANCIENNES RÉSIDENCES ROYALES,
CHÀTEAUX ET MAISONS DE PLAISANCE.

FIN DE LA TABLE.

b

INDICATION DES MOYENS DE TRANSPORT

POUR SE RENDRE AUX BARRIÈRES ET DANS LES PRINCIPAUX LIEUX

des environs de Paris.

ALFORT. . . . . : . Voit., rue St.-Martin, 256.—Boul.
Beaumarchais. Barr. Charent.
AMANDIERS (Barr. des). . Voit., les Omnibus.
ANTONY. . . . . Voit., rue d'Enfer. Voy. Sceaux.
ARCUEIL (Barr. d'). . . . Voit., les Hirondelles.
ARCUEIL. . . . . Ch. de fer de Sceaux.—Voit., pass.
Dauphine, 16.—Rue Christine, 4.
—Rue d'Enfer.
ARGENTEUIL. . . . . . . Ch. de fer de Rouen. Voit., Omnib.
ASNIERES. . . . . Ch. de fer de St.-Germain. Voit.,
les Omnibus.
AUBERVILLIERS. . . . . . Ch. de fer du Nord.
AULNAY. . . . . Voy. Sceaux.
AUNAY (Barr. d'). . . . . Voit., les Omnibus.
AUSTERLITZ. . . . . Voy. Ivry.
AUTEUIL. . . . . Voit., rue du Bouloi, 9. — Rue de
Rivoli, 4. — Les Omnibus.
BAGATELLE. . . . . Voy. Neuilly.
BAGNEUX. . . . . Voy. Sceaux.
BAGNOLET. . . . . Voy. Pantin.
BATIGNOLES. . . . . Voit., les Batignolaises et leurs
correspondances.
BEAUTÉ. . . . . Voy. Vincennes.
BEL-AIR. . . . . Voy. Bièvre.
BELLEVILLE (Barr. de). . Voit., les Citadines et leurs corr.
BELLEVILLE. . . . . Voit., les Citadines et leurs corr.
BERCY (Barr. de). . . . . Voit., les Omnibus et leurs corr.
—Les Excellentes(*extra-muros*)
jusqu'à la barr. de l'Etoile.
BERCY. . . . . Voit., les Omnibus et leurs corr
BELLEVUE. . . . . Ch. de fer de Versailles, riv. gh.
BERNY. . . . . Voit., r. d'Enfer. V. Longjumeau.
BESONS. . . . . Ch. de fer de Rouen.
BICETRE. . . . . Voit., quai Napoléon, 29.
BIEVRES. . . . . Voit., rue des Deux-Ecus, 23.
BLANCHE (Barr.). . . . . Voit., les Omnibus et leurs corr.
BONDY. . . . . Voit., rue Sainte-Apolline, 32.
BOUGIVAL. . . . . Voit., rue de Rivoli.
BOULOGNE. . . . . Voy. Auteuil.

SURESNES. . . . . Ch. de fer de Versailles, r. dr. —
Rue de Rivoli, 4.
TELEGRAPHE (Barr. du). Voy. Barr. Poissonnière.
TRIANON. . . . . Voy. Versailles.
TROIS-COURONNES (Barr.
des). . . . . Voy. Pantin.
TRONE (Barr. du). . . . . Voy. Barr. de Vincennes.
VANVES. . . . . Ch. de fer de Versailles, r. gh. —
Voit., les Favorites.
VAUGIRARD (Barr. de). . Voit., les Parisiennes et leurs corr.
— Les Favorites et leurs corr.
VERRIERES. . . . . Voy. Sceaux.
VERSAILLES. . . . . Ch. de fer r. gh. et r. dr. — Voit.,
les Gondoles, rue de Rivoli.
VERTUS (Barr. des). . . . Voy. La Chapelle et La Villette.
VIGNY. . . . . Ch. de fer du Nord.
VILLE-D'AVRAY. . . . . . Ch. de fer de Versailles, r. d.
VILLEJUIF. . . . . V. Vitry.
VILLETTE (Barr. de la). . Voit., les Dames-Réunies et leurs
correspondances.
VILLETTE (La). . . . . . . Voit., les Dames-Réunies.
VINCENNES (Barr. de). . Voit., les Omnibus.
VINCENNES. . . . . Voit., les Omnibus et leurs corr.
VIROFLAY. . . . . Ch. de f. de Versailles, r. d. et r. g.
VITRY-SUR-SEINE. . . . . Voit., place Dauphine, 5. — Barr.
d'Italie.

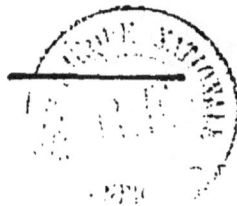

Poissy. — Typographie Arbieu.

Imp. de Pommeret et Moreau, 1., quai des Grandes-Augustins

9 782012 631656